Marzluf/Gehring

Buchführung des Hotel- und Gaststättengewerbes

MERKUR
VERLAG
RINTELN

Wirtschaftswissenschaftliche Bücherei für Schule u. Praxis
Begründet von Handelsschul-Direktor Dipl.-Hdl. Friedrich Hutkap †

Verfasser

Dipl.-Kfm. Dipl.-Hdl. Dieter Marzluf
Oberstudienrat in Offenburg

Dipl.-Hdl. Klaus Gehring
Studiendirektor in Villingen

1. Auflage, 8., unveränderter Nachdruck 1990

Gesamtherstellung:
MERKUR VERLAG RINTELN Hutkap GmbH & Co. KG, PF 1420, 3260 Rinteln 1

ISBN 3-8120-**0279-5**

Vorwort

Buchungsautomaten und EDV werden heute auch im Hotel- und Gaststättengewerbe in zunehmendem Maße eingesetzt. Vor allem deshalb wurde vom **Arbeitskreis Betriebliche Organisation des DEHOGA der Neue Hotel- und Gaststättenkontenrahmen entwickelt, der diesem Lehrbuch zugrunde liegt.** Die Anforderungen an den Hotel- und Gaststättenkaufmann im Rechnungswesen haben sich nicht verringert. **Steuergesetze und Konkurrenz im Bereich des Hotel- und Gaststättengewerbes bedingen vielmehr eine zunehmende Wirtschaftlichkeits- und Kostenkontrolle.** Hierfür sind gute Buchführungskenntnisse unerläßlich.

Dieses Lehrbuch wurde unter **Berücksichtigung der neuesten Lehrpläne** nach fachlichen, buchhalterisch-logischen und didaktisch-methodischen Gesichtspunkten gestaltet. Der Unterricht soll durch die auf jedes Kapitel folgende kurze Zusammenfassung des Lehrstoffes in Form von **Merksätzen** und Fragen zur Übung und Wiederholung wirkungsvoll unterstützt werden.

Die Verfasser danken den Betrieben, Verbänden und Lehrern der Hotel- und Gaststättenbranche, die durch Anregungen und Bereitstellung von Bild- und Zahlenmaterial an der Gestaltung des Lehrbuches mitgewirkt haben. Wir sind für genaue Prüfung und weitere kritische Anregungen dankbar.

Rinteln, im Herbst 1977

Die Verfasser

Inhaltsverzeichnis

Verwendete Abkürzungen

A	–	Aktiva
AB	–	Anfangsbestand
AfA	–	Absetzung für Abnutzung
AO	–	Abgabenordnung
AVK	–	Allgemeine Verwaltungskosten (Sonstige Betriebs- und Verwaltungskosten)
EBK	–	Eröffnungsbilanzkonto
EDV	–	Elektronische Datenverarbeitung
EK	–	Eigenkapital
EP	–	Einkaufspreis
ER	–	Eingangsrechnung
H	–	Haben
HGB	–	Handelsgesetzbuch
Kto.-Nr.	–	Konto-Nummer
MWSt	–	Mehrwertsteuer
P	–	Passiva
RAP	–	Rechnungsabgrenzungsposten
S	–	Soll
SB	–	Schlußbilanz
SBK	–	Schlußbilanzkonto
USt	–	Umsatzsteuer
VP	–	Verkaufspreis
VSt	–	Vorsteuer
WE	–	Wareneinkauf
WV	–	Warenverbrauch

1 Aufgaben, Organisation und gesetzliche Vorschriften der Buchführung

1.1 Aufgaben der Buchführung

1. Die Buchführung gibt dem Kaufmann im Hotel- und Gaststättengewerbe jederzeit eine Übersicht über
   a) sein *Vermögen,*
   b) seine *Schulden,*
   c) seine *Liquidität* (Zahlungsfähigkeit).
2. Sie ermöglicht durch die Aufzeichnung der Aufwendungen und Erträge eine **Erfolgsermittlung** (Gewinn oder Verlust).
3. Die Buchführung liefert das Zahlenmaterial, das eine genaue **Kalkulation** (Preisberechnung) ermöglicht.
4. Sie ist **Grundlage der Besteuerung** und dient bei der Steuerveranlagung und vor Gericht als Beweismittel.

1.2 Handels- und steuerrechtliche Vorschriften

1.2.1 Handelsrechtliche Vorschriften

In den §§ 238–263 des Handelsgesetzbuches (HGB) ist festgelegt, daß:

1. jeder Kaufmann – also auch der Kaufmann im Hotel- und Gaststättengewerbe – verpflichtet ist, Bücher zu führen und entsprechend den **Grundsätzen ordnungsmäßiger Buchführung** die Lage seines Vermögens ersichtlich zu machen (§ 238 HGB);
2. er zu Beginn seines Handelsgewerbes seine Schulden und seine Vermögensgegenstände genau aufzuzeichnen hat. In einem Abschluß muß er das Verhältnis des Vermögens und der Schulden darstellen. Hierbei sind Inventar und Bilanz jährlich aufzustellen (§§ 240–242 HGB);
3. die Handelsbücher, Inventare, Eröffnungsbilanzen und Jahresabschlüsse **10 Jahre**, alle übrigen Aufzeichnungen **6 Jahre** aufzubewahren sind (§ 257 HGB).

Die wichtigsten Vorschriften über die ordungsmäßige Führung der Bücher:

1. Der Kaufmann muß sich bei der Führung der Handelsbücher einer **lebenden Sprache** bedienen.
2. Die **Eintragungen** in die Bücher **müssen vollständig, richtig, zeitgerecht und geordnet vorgenommen werden**.
3. **Eintragungen und Aufzeichnungen dürfen nicht** so **verändert werden**, daß der ursprüngliche Inhalt nicht mehr festgestellt werden kann (nicht radieren oder Eintragungen durch Streichung unleserlich machen).
4. Die **Bücher** sollen gebunden bzw. die **Blätter** fortlaufend numeriert sein.
5. Um **Fälschungen** auszuschließen, soll nur mit Tinte, Kugelschreiber oder Maschinenschrift gebucht werden.
6. **Belege** müssen fortlaufend numeriert und aufbewahrt werden.
7. **Kasseneinnahmen und -ausgaben** müssen täglich aufgezeichnet werden.

1.2.2 Steuerrechtliche Vorschriften

Die wichtigsten steuerrechtlichen Vorschriften für den Kaufmann im Hotel- und Gaststättengewerbe befinden sich in der Abgabenordnung (AO). Sie bildet die Rechtsgrundlage aller Steuern und Abgaben. Außerdem enthalten das Einkommensteuer-, Körperschaftsteuer-, Umsatzsteuer- und Gewerbesteuergesetz Vorschriften über die Buchführung.

1.3 Richtlinien und Grundsätze für das Rechnungswesen

Vor allem die **Wirtschaftsverbände** haben moderne und einheitliche Richtlinien zur Organisation der Buchführung erlassen. Durch sie soll die erforderliche Einheitlichkeit für Betriebsvergleiche hinsichtlich Umsatz, Kapital, Erfolg usw. gewährleistet werden.

Fragen zur Übung und Wiederholung

1. Aus welchen Gründen führt der Kaufmann Bücher?
2. Wo sind die handelsrechtlichen Vorschriften für die kaufmännische Buchführung festgelegt?
3. In welchen Gesetzen befinden sich noch weitere besondere Vorschriften?
4. In welchem Gesetzbuch findet der Kaufmann die wichtigsten steuerrechtlichen Vorschriften?
5. Welche Aufbewahrungsfrist gilt für Bücher, Inventare und Bilanzen?
   a) nach dem Handelsrecht?
   b) nach dem Steuerrecht?

2 Betriebswirtschaftliche Grundbegriffe und die Erfassung der Daten des Hotel- und Gaststättenbetriebs

2.1 Inventur und Inventar

Wenn ein Unternehmer ein Handelsgewerbe beginnt – also z.B. ein Gastwirt einen Betrieb eröffnet – möchte er sich ein genaues Bild von seiner Vermögenslage machen. Diese mengen- und wertmäßige Erfassung des Vermögens und der Schulden heißt **Inventur**. Wird die Inventur am Ende des Geschäftsjahres durchgeführt, so spricht man von einer **Stichtaginventur.** Die Vorräte an Waren müssen sorgfältig *gezählt, gemessen, gewogen* und *bewertet* werden. Darüber hinaus sind auch die Einrichtungsgegenstände der Hotelräume, des Restaurants, der Küchen- und Kellerräume genau aufzuzeigen. Da dies umfangreiche Arbeiten erfordert, ist es oft notwendig, den Betrieb für einen oder mehrere Tage zu schließen.

Das schriftliche Ergebnis der Inventur, also das Verzeichnis, aus dem Vermögen und Schulden zu einem bestimmten Stichtag hervorgehen, nennt man das *Inventar.*

Jedes Inventar muß den *Zeitpunkt,* an dem es erstellt wurde, enthalten und vom Geschäftsinhaber persönlich *unterschrieben* sein. Bei Gesellschaften müssen sämtliche persönlich haftenden Gesellschafter unterschreiben.

Die Gliederung des Inventars:

I. Vermögen (Aktiva),
II. Schulden (Fremdkapital),
III. Ermittlung des Reinvermögens (Eigenkapital).

Vermögens- und Schuldenteile werden im Inventar nach **Art** (Grundstücke, Fahrzeuge, Waren, Bankschulden usw.), **Menge** (Kilogramm, Stück usw.) und **Wert** festgehalten. Privates Vermögen und private Schulden werden im Inventar nicht berücksichtigt. **Das Vermögen wird unterteilt in Anlage- und Umlaufvermögen.** Zum Anlagevermögen zählen Vermögensteile, die längere Zeit im Betrieb gebunden sind, wie Zimmer- und Hoteleinrichtung, Küche, Fuhrpark, Geschirr, Bestecke usw. Unter Umlaufvermögen sind hingegen Güter zu verstehen, die meist rasch umgesetzt werden, wie Lebensmittel, Getränke und Betriebsstoffe (z.B. Heizöl).

Die Schulden und das Reinvermögen bilden den Gegenwert des Betriebsvermögens. Man bezeichnet sie auch als *Vermögensquellen.* Wurde das Betriebsvermögen vom Inhaber selbst aufgebracht, so spricht man von *Eigenkapital,* wurde es von dritter Seite zur Verfügung gestellt, so spricht man von Schulden oder *Fremdkapital.*

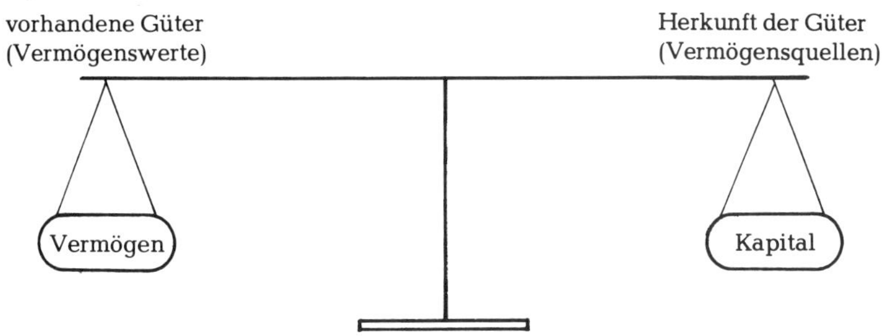

Das Reinvermögen (Eigenkapital) wird ermittelt, indem vom Vermögen das Fremdkapital abgezogen wird:

	Vermögen
−	Fremdkapital
=	Eigenkapital

Vereinfachtes Beispiel für ein Inventar:

Inventar des Hotels Bergblick zum 31. Dezember 19..

	DM	DM
I. Vermögen		
A. Anlagevermögen		
1. Grundstück	400000,—	
2. Gebäude	1000000,—	
3. Geschäftsausstattung (lt. besonderem Verzeichnis I)	500000,—	
B. Umlaufvermögen		
1. Roh-, Hilfs- und Betriebsstoffe (lt. besonderem Verzeichnis 2)	40000,—	
2. Warenbestand (lt. besonderem Verzeichnis 3)	30000,—	
3. Bankguthaben	25000,—	
4. Kassenbestand	5000,—	
Summe des Vermögens		2000000,—
II. Schulden		
1. Darlehensschulden bei der Stadtsparkasse Triberg		800000,—
III. Ermittlung des Eigenkapitals		
Summe des Vermögens	2000000,—	
./. Summe der Schulden	800000,—	
Eigenkapital		1200000,—

Triberg, den 31. Dezember 19.. Unterschrift Maier

Aufgaben:

1 Das Hotel „Schwarzer Adler" in Villingen, Inhaber Karl Müller hat am 31.12. Inventur gemacht und dabei folgende Bestände ermittelt:

Warenvorräte Keller:		*Rohstoffe:*	
Bier	950,— DM	Fleisch	1650,— DM
Wein	4800,— DM	Sonstige Lebensmittel	1265,— DM
Spirituosen	1200,— DM	Konserven	7900,— DM
Schaumwein	950,— DM		

Betriebsstoffe:	
Heizöl	12 200,— DM
Propangas	150,— DM
Geschäftsausstattung:	
Küche	67 000,— DM
Restaurant	25 000,— DM
Bar	11 000,— DM
Fremdenzimmer	47 000,— DM
Sonstige Einrichtung	8 300,— DM
Hilfsstoffe:	
Fette	70,— DM
Kohlensäure	100,— DM
Forderungen:	
Fa. Maurer und Söhne	4 600,— DM
Karl Paulsen	180,— DM
Kegelclub „Alle Neune"	970,— DM
Hypotheken:	
Sparkasse	270 000,— DM
Dresdner Bank	330 000,— DM

Verbindlichkeiten:	
Schwarzwaldbrauerei	2 600,— DM
Weinhandlung Größle	1 560,— DM
Metzgerei Müller	670,— DM
Großhandlg. Schlecht & Co.	3 280,— DM
Bankguthaben:	
Sparkasse	16 500,— DM
Dresdner Bank	24 700,— DM
Kassenbestand	1 770,— DM
Grundstücke	340 000,— DM
Gebäude	870 000,— DM
Postgirokonto	1 800,— DM
Darlehen	80 000,— DM
Fuhrpark	9 400,— DM
Maschinen	18 000,— DM

Stellen Sie aus diesen Zahlen das Inventar zusammen!

2 Erstellen Sie aus den folgenden Inventurzahlen das Inventar des Hotels „Waldblick" in Berghausen, Inhaber Ewald Schwarz, zum 31. 12. 19..

Maschinelle Anlagen:	
Küchenmaschinen	13 800,— DM
Herdanlage	22 000,— DM
Kühlanlage	19 500,— DM
Gebäude	1 630 000,— DM
Warenvorräte Küche	1 700,— DM
Rohstoffe	6 000,— DM
unbebaute Grundstücke	125 000,— DM
Einrichtung Restaurant	47 100,— DM
Wäsche	32 600,— DM
Hilfsstoffe	500,— DM
Betriebsstoffe	11 600,— DM
Darlehen	100 000,— DM
Kassenbestand	2 200,— DM
Verbindlichkeiten Fa. W. Krämer	2 700,— DM

Einrichtung Fremdenzimmer	110 400,— DM
Geschirr und Besteck	21 300,— DM
Warenvorräte Keller	13 400,— DM
Außenstände (Forderungen)	1 600,— DM
Hypothek Volksbank	550 000,— DM
Guthaben Volksbank	10 800,— DM
Verbindlichkeiten bei Brauerei	6 600,— DM
Hypothek bei Deutsche Bank	250 000,— DM
Guthaben bei Deutsche Bank	8 400,— DM
Verbindlichkeiten Fa. Feinkost Müller	3 400,— DM

Merke:
Die Inventur ist eine Bestandsaufnahme durch

Messen
Zählen
Wiegen
und
Bewerten

Die hierdurch entstehende ausführliche Aufstellung des Vermögens und des Kapitals zu einem festen Zeitpunkt heißt Inventar.

Fragen zur Übung und Wiederholung

1. Wie heißt das Verzeichnis, in dem der Kaufmann seine Vermögenswerte und seine Schulden zusammenstellt?
2. Von wem muß das mit Ort und Datum versehene Inventar persönlich unterzeichnet werden?
3. Ein Hotelkaufmann hat bei der Geschäftsgründung z. B. 100000,— DM aus seinem Privatvermögen eingebracht. Wie lautet der Fachausdruck für den eingebrachten Betrag?
4. In welche drei Teile gliedert sich das Inventar?
5. Mit welcher Gleichung wird das Eigenkapital ermittelt?

2.2 Bilanz

Die Inventare mittlerer und größerer Betriebe des Hotel- und Gaststättengewerbes werden infolge der großen Anzahl von Vermögensposten leicht unübersichtlich. Deshalb werden die Werte, die im Inventar stehen, nocheinmal in *übersichtlicher* verkürzter Form in der Bilanz aufgeführt.

Beim Inventar wie auch bei der Bilanz handelt es sich um eine Aufzeichnung des Vermögens und der Schulden. Während aber im Inventar

I. Vermögen,
II. Schulden,
III. Reinvermögen (Eigenkapital)

ausführlich untereinander aufgestellt sind, werden sie in der Bilanz **verkürzt nebeneinander** dargestellt:

Eröffnungsbilanz

Aktiva			Passiva
Anlagevermögen	1900000,—	Eigenkapital	1200000,—
Umlaufvermögen	100000,—	Darlehen	800000,—
	2000000,—		2000000,—

Die Summe der Vermögenswerte (Aktiva) muß immer der Summe der Kapitalwerte (Passiva) entsprechen:

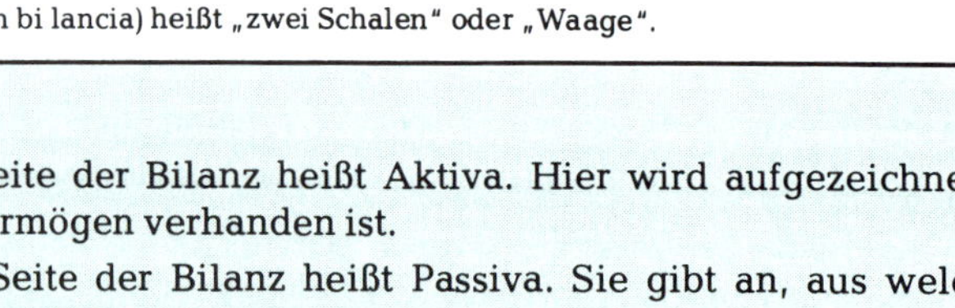

* Bilanz (italienisch bi lancia) heißt „zwei Schalen“ oder „Waage“.

> **Merke:**
> Die linke Seite der Bilanz heißt Aktiva. Hier wird aufgezeichnet, in welcher Form das Vermögen verhanden ist.
> Die rechte Seite der Bilanz heißt Passiva. Sie gibt an, aus welchen Quellen die Vermögensteile stammen.
> Summe der Aktiva = Summe der Passiva.

Die Gliederung der Bilanz

Aus Gründen der Übersichtlichkeit und der Einheitlichkeit wird die **Aktivseite** der Bilanz nach dem **Liquiditätsgrad** (Grad der Flüssigkeit), die **Passivseite** nach der **Fristigkeit** geordnet.

Beispiel:

Aktiva		Bilanz zum 31. 12. 19..	Passiva
I. Anlagevermögen		**I. Eigenkapital**	....
1. Grundstücke	....	**II. Fremdkapital**	
2. Gebäude	....	1. Hypothekenschulden	....
3. Maschinen	....	2. Darlehen	....
4. Geschäftsausstattung	....	3. Verbindlichkeiten an Lieferer	....
5. Fuhrpark	....		
6. sonstiges Anlagevermögen (z. B. Wäsche, Geschirr usw.)			
II. Umlaufvermögen			
1. Rohstoffe (Lebensmittel)	....		
2. Hilfsstoffe (z. B. Kohlensäure)	....		
3. Betriebsstoffe (z. B. Heizöl)	....		
4. Waren	....		
5. Forderungen an Kunden	....		
6. Bank	....		
7. Kasse	....		

Aufgaben:

3 Erstellen Sie aus den folgenden Inventarzahlen die Bilanz!

Geschäftsausstattung	65 000,— DM	Maschinen	24 300,— DM
Grundstücke und Gebäude	1 270 000,— DM	Hypotheken	800 000,— DM
Waren	15 600,— DM	Kasse	850,— DM
Verbindlichkeiten	3 400,— DM	Bank	13 900,— DM
Darlehen	70 000,— DM	Kapital	517 450,— DM
		Forderungen	1 200,— DM

4 Erstellen Sie aus den folgenden Zahlenangaben die Bilanz und errechnen Sie das Eigenkapital!

Bank	27 350,— DM	Verbindlichkeiten	12 480,— DM
Geschäftsausstattung	98 700,— DM	Hilfsstoffe	400,— DM
Hypotheken	450 000,— DM	Forderungen	2 180,— DM
Fuhrpark	19 600,— DM	Grundstücke	46 000,— DM
Kasse	2 970,— DM	Rohstoffe	3 500,— DM
Darlehen	136 000,— DM	Waren	17 630,— DM
Betriebsstoffe	5 100,— DM	Gebäude	795 000,— DM
Maschinen	36 800,— DM		

Merke:

Die Vermögensteile, die meist am langsamsten in den Wirtschaftskreislauf gelangen, werden zuerst aufgeführt.

Die Kapitalteile, die dem Betrieb am längsten zur Verfügung stehen, werden zuerst aufgeführt.

Fragen zur Übung und Wiederholung

1. Wie heißt die Gegenüberstellung der Vermögenswerte auf der einen und der Vermögensquellen auf der anderen Seite?
2. Wie bezeichnet man die Seite der Bilanz, die Aufschluß über Höhe und Zusammensetzung der Vermögensquellen gibt?
3. Welche Seite der Bilanz bezeichnet man als Aktivseite?
4. Auf welcher Seite der Bilanz befinden sich das Eigenkapital und die Schulden?
5. Kreuzen Sie an, bei welchen der folgenden Konten es sich um Aktiv-, bei welchen um Passivkonten handelt (Aktivkonten = A, Passivkonten = P):

	A	P		A	P
Verbindlichkeiten			Grundstücke		
Forderungen			Hypothekenschulden		
Gebäude			Waren		
Eigenkapital			Fuhrpark		
Bankguthaben			Einrichtungen		
Bargeld			Postgiroguthaben		

2.3 Auflösung der Bilanz in Bestandskonten

Die in der Bilanz aufgezeichneten Werte werden durch **Geschäftsvorfälle** verändert.

Beispiel I:

Der Pächter des Gasthauses „Zum Wilden Mann" kauft für 500,— DM Wein ein, den er gleich bar bezahlt.

Das Aktivkonto *Warenbestand* wird durch diesen Geschäftsvorfall um 500,— DM erhöht. Das Aktivkonto *Kasse* wird um 500,— DM vermindert.

Aktivseite		Passivseite
Warenbestand	+ 500,—	
Kasse	− 500,—	

Beispiel II:

Ein Hotelier kauft Wein im Wert von 500,— DM ein und vereinbart mit der Winzergenossenschaft einen späteren Zahlungstermin.

In diesem Fall werden auf der Aktivseite der Bilanz der *Warenbestand* und auf der Passivseite der Bilanz die *Warenschulden* an die Winzergenossenschaft (Verbindlichkeiten) erhöht.

Aktivseite		Passivseite	
Warenbestand	+ 500,—	Verbindlichkeiten	+ 500,—

Beispiel III:

Der Direktor der Winzergenossenschaft verwandelt die Liefererschuld des Gastwirts von 500,— DM in ein Darlehen, das erst in 12 Monaten zurückzuzahlen ist.

Hier wird das Passivkonto *Darlehen* vermehrt und das Passivkonto *Verbindlichkeiten* um den gleichen Betrag vermindert.

Aktivseite		Passivseite	
		Darlehen	+ 500,—
		Verbindlichkeiten	− 500,—

Beispiel IV:

Nach 12 Monaten wird – wie vereinbart – das Darlehen zurückgezahlt. Das *Darlehenskonto* (Passivkonto) wird jetzt um 500,— DM vermindert. Der *Kassenbestand* (Aktivkonto) geht ebenfalls um 500,— DM zurück.

Aktivseite		Passivseite	
Kasse	− 500,—	Darlehen	− 500,—

In allen vier Beispielen ist das Gleichgewicht der Bilanz erhalten geblieben. Die Bilanzsumme hat sich bei einem Teil der Geschäftsfälle allerdings geändert. Durch die Auflösung der Bilanz in **Konten** lassen sich Veränderungen der einzelnen Bilanzpositionen übersichtlicher darstellen.

Aufgabe:

5 Für die folgenden Vorgänge sollen Sie der Reihe nach jeweils eine Bilanz erstellen, die die Veränderungen gegenüber der vorhergehenden Bilanz aufzeigt:

1. Mit 65 000,— DM Bargeld will der Koch Günter Beck eine Gaststätte eröffnen. Er bringt dieses Geld in sein Geschäft ein.
2. Für 25 000,— DM Bargeld erwirbt er Küchengeräte und andere Einrichtungsgegenstände (Geschäftsausstattung).
3. Er eröffnet ein Bankkonto und zahlt 12 000,— DM ein.
4. Beck kauft auf Ziel Waren im Wert von 6 500,— DM.
5. Ein gebrauchtes Auto wird für 10 000,— DM angeboten. Beck kauft es und nimmt dazu ein Darlehen auf.
6. Durch Überweisung vom Bankkonto werden 3 000,— DM Verbindlichkeiten bezahlt.
7. Für 2 500,— DM werden Waren bar verkauft.
8. Von den Bareinnahmen werden 1 000,— DM am Darlehen abbezahlt.

Beispiel: (vereinfacht)

Eröffnungsbilanz

AKTIVA		PASSIVA	
A. Anlagevermögen			
Grundstücke	400 000,—	Eigenkapital	1 200 000,—
Gebäude	1 000 000,—	Darlehensschulden	800 000,—
Geschäftsausstattung	500 000,—		
B. Umlaufvermögen			
Roh-, Hilfs- und Betriebsstoffe	40 000,—		
Warenbestand	30 000,—		
Bankguthaben	25 000,—		
Kassenbestand	5 000,—		
	2 000 000,—		2 000 000,—

S	Grundstücke	H
AB* 400 000,—		

S	Eigenkapital	H
		AB 1 200 000,—

S	Gebäude	H
AB 1 000 000,—		

S	Darlehensschulden	H
		AB 800 000,—

S	Geschäftsausstattung	H
AB 500 000,—		

S	Roh-, Hilfs- und Betriebsstoffe	H
AB 40 000,—		

S	Warenbestand	H
AB 30 000,—		

S	Bankguthaben	H
AB 25 000,—		

S	Kassenbestand	H
AB 5 000,—		

* AB = Anfangsbestand

Aufgabe:

6 Lösen Sie die folgende Bilanz in Konten auf!

A	Eröffnungsbilanz zum 31. 12. 19..		P
Grundstücke	350000,—	Eigenkapital	670500,—
Gebäude	945000,—	Hypotheken	550000,—
Maschinen	56400,—	Darlehen	250000,—
Geschäftsausstattung	68000,—	Verbindlichkeiten	10350,—
Fuhrpark	16800,—		
Rohstoffe	4720,—		
Betriebsstoffe	3580,—		
Waren	12700,—		
Forderungen	2390,—		
Bank	18850,—		
Kasse	2410,—		
	1480850,—		1480850,—

2.3.1 Buchungen auf aktiven Bestandskonten

Bei **aktiven Bestandskonten** werden Anfangsbestand und Bestandsvermehrungen im Soll gebucht. Bestandsverminderungen und der Schlußbestand erscheinen im Haben. Die Differenz (Saldo) zwischen der Soll- und der Habenseite bildet den Schlußbestand.

Soll	Aktives Bestandskonto (z. B. Bank)	Haben
Anfangsbestand		Bestandsabnahme
+ Bestandszunahme		Schlußbestand

2.3.2 Buchungen auf passiven Bestandskonten

Bei **passiven Bestandskonten** werden Anfangsbestand und Bestandsvermehrungen im Haben gebucht. Bestandsverminderungen und der Schlußbestand erscheinen im Soll. Die Differenz (Saldo) zwischen der Soll- und der Habenseite bildet den Schlußbestand.

Soll	Passives Bestandskonto (z. B. Verbindlichkeiten)	Haben
Bestandsabnahme		Anfangsbestand
Schlußbestand		+ Bestandszunahme

Merke:
Bei Vermögenskonten (z. B. Gebäude, Besitzwechsel, Hilfs- und Betriebsstoffvorräte) stehen Anfangsbestand und Bestandsvermehrung im Soll. Bei Kapitalkonten (z. B. Verbindlichkeiten, Schuldwechsel, Eigenkapital) stehen Anfangsbestand und Bestandsvermehrung im Haben.

2.3.3 Der Abschluß von Bestandskonten

Der Abschluß eines Kontos erfolgt in vier Arbeitsgängen:

1. **Addition** der wertmäßig stärkeren Seite.
2. Übertrag der ermittelten **Summe** auf die andere Seite;
3. Errechnen der **Differenz** zur wertmäßig schwächeren Seite (= Ermittlung des Saldos*);
4. **Übertrag** des Saldos in die Schlußbilanz.

Beispiel:

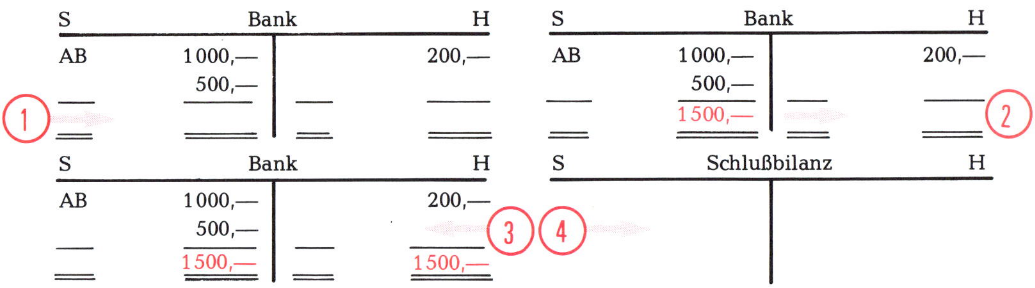

Der Weg von der Eröffnungsbilanz zur Schlußbilanz

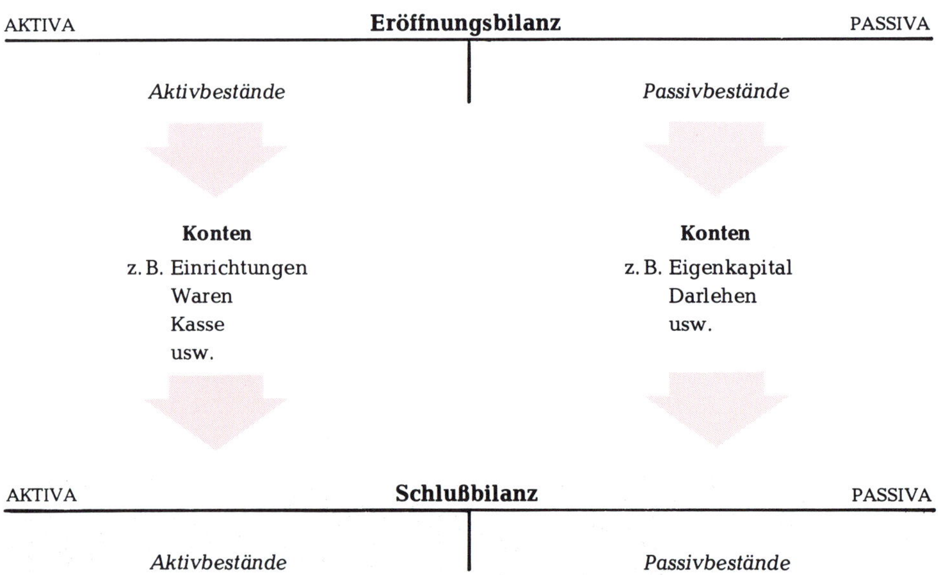

* Saltare, lateinisch, heißt springen. Das Saldieren ist die Ermittlung der Differenz zwischen der wertmäßig stärkeren und der wertmäßig schwächeren Kontoseite.

Aufgaben:

7 **Überlegen Sie bei den folgenden Geschäftsvorfällen:**

1. Auf welchen Konten wird gebucht?
2. Handelt es sich um ein Aktiv- oder ein Passivkonto?
3. Nimmt das Konto zu oder ab?
4. Wird im Soll oder im Haben gebucht?

1.	Wir kaufen Waren und zahlen bar	850,— DM
2.	Bareinzahlung auf das Bankkonto	1 000,— DM
3.	Kauf von Mobiliar gegen Überweisung	15 000,— DM
4.	Ein Lieferer erhält einen Scheck für noch nicht bezahlte Ware	1 200,— DM
5.	Ein Kunde zahlt für eine noch offene Rechnung per Scheck	130,— DM
6.	Wechselgeld wird von der Bank abgehoben	450,— DM
7.	Wir kaufen einen gebrauchten Lieferwagen auf Ziel	9 800,— DM
8.	Wareneinkauf auf Ziel	300,— DM
9.	Wir kaufen ein Grundstück mit Scheck	17 000,— DM
10.	Rückzahlung eines Darlehens mit Scheck	6 500,— DM

8 Stellen Sie bei den folgenden Geschäftsvorfällen die gleichen Überlegungen an wie in der vorhergehenden Aufgabe!

1.	Verkauf eines Grundstücks gegen Bankscheck	45 000,— DM
2.	Wareneinkauf gegen Überweisung	580,— DM
3.	Ein Lieferer gibt uns ein Darlehen und liefert dafür Waren	3 000,— DM
4.	Wir eröffnen ein Bankkonto und zahlen bar ein	1 500,— DM
5.	Getränke werden auf Ziel gekauft	1 340,— DM
6.	Eine Verbindlichkeit wird in ein Darlehen umgewandelt	5 000,— DM
7.	Bank gibt ein Darlehen und stellt das Geld auf dem Konto bereit	20 000,— DM
8.	Verkauf einer Maschine gegen bar	880,— DM
9.	Ein Geschäftswagen wird auf Ziel verkauft	7 600,— DM
10.	Heizöl wird bar eingekauft	5 200,— DM

2.3.4 Eröffnungsbilanzkonto und Schlußbilanzkonto

Der oberste Grundsatz der doppelten Buchführung besagt, daß jeder Geschäftsvorfall doppelt gebucht wird, auf verschiedenen Konten und auf verschiedenen Seiten. Um diesen Grundsatz nicht zu durchbrechen, erfolgen Konteneröffnung und Kontenabschluß über das **Eröffnungsbilanzkonto** bzw. das **Schlußbilanzkonto**. Es handelt sich hier also um **Konten**, die zwischen die laufenden Buchungen und die Bilanz eingeschoben sind. Das Eröffnungsbilanzkonto nimmt die Gegenbuchungen zu den Bestandsvorträgen auf den einzelnen Konten auf. Das Schlußbilanzkonto erhält die Salden der Konten gegengebucht.

Eröffnungsbilanz und Eröffnungsbilanzkonto sind spiegelbildlich, Schlußbilanz und Schlußbilanzkonto sind seitengleich.

Eröffnungsbilanz und Schlußbilanz stehen außerhalb des Kontensystems.

Merke:

Die Inventurbestände werden am Anfang des Geschäftsjahres in Form von Eröffnungsbuchungen mit Hilfe eines Eröffnungsbilanzkontos in der Eröffnungsbilanz erfaßt.

Am Ende des Geschäftsjahres werden die Abschlußbuchungen mit Hilfe eines Schlußbilanzkontos in der Schlußbilanz erfaßt!

Aufgaben:

9 Die **Inventur eines Gaststättenbetriebes** hat folgende Zahlen ergeben:

Geschäftsausstattung	72 000,— DM	Forderungen	4 570,— DM
Warenvorräte	8 100,— DM	Verbindlichkeiten	5 530,— DM
Kasse	9 350,— DM	Hypotheken	24 000,— DM
Bank	17 880,— DM		

Erstellen Sie daraus die Eröffnungsbilanz, eröffnen Sie die Konten (mit EBK) und buchen Sie die folgenden Geschäftsvorfälle! Machen Sie anschließend den Abschluß über das SBK!

Geschäftsvorfälle:

1. Eröffnung eines Postgirokontos mit einer Bareinlage . . . . 250,— DM
2. Kauf von Waren gegen bar . . . . 460,— DM
3. Kauf von Einrichtung mit Scheck . . . . 2 400,— DM
4. Kunde zahlt eine fällige Rechnung bar . . . . 555,— DM
5. Wareneinkauf auf Ziel . . . . 830,— DM
6. Barabhebung von der Bank . . . . 1 900,— DM
7. Gast zahlt Rechnung vom Vormonat durch Überweisung . . . . . 1 300,— DM
8. Rückzahlung einer Hypothek über die Bank . . . . 5 000,— DM
9. Wareneinkauf gegen Scheck . . . . 750,— DM
10. Wir überweisen an den Lieferer . . . . 600,— DM

10 Erstellen Sie aus den folgenden Anfangsbeständen die Eröffnungsbilanz, buchen Sie die Geschäftsvorfälle und schließen Sie die Konten ab! Erstellen Sie abschließend die Schlußbilanz!

Anfangsbestände:

Geschäftsausstattung	58 000,— DM	Kasse	4 600,— DM
Darlehen	36 000,— DM	Bank	12 100,— DM
Fuhrpark	14 500,— DM	Verbindlichkeiten	2 200,— DM
Warenvorräte	7 300,— DM	Forderungen	900,— DM

Geschäftsvorfälle:

1. Wareneinkauf bar . . . . 100,— DM
2. Bareinzahlung auf das Bankkonto . . . . 2 000,— DM
3. Kauf von Mobiliar gegen Scheck . . . . 1 300,— DM
4. Die Bank gewährt ein Darlehen
   und stellt das Geld auf dem Bankkonto bereit . . . . 15 000,— DM
5. Kunde zahlt eine fällige Rechnung per Scheck . . . . 500,— DM
6. Wir kaufen einen neuen Pkw, Zahlung erfolgt durch Überweisung . 13 600,— DM
7. Lieferer erhält für noch unbezahlte Rechnung bar . . . . 450,— DM
8. Verkauf einer gebrauchten Eismaschine auf Ziel . . . . 1 450,— DM

11 Aus den folgenden Inventarbeständen ist die Eröffnungsbilanz zu erstellen. Anschließend sollen die Geschäftsvorfälle gebucht und die Schlußbilanz erstellt werden.

Anfangsbestände:

Geschäftsausstattung	48 500,— DM	Kasse	1 700,— DM
Warenvorräte	7 800,— DM	Darlehen	25 000,— DM
Verbindlichkeiten	2 300,— DM	Bank	17 900,— DM
Fuhrpark	10 200,— DM	Forderungen	600,— DM

Geschäftsvorfälle:

1. Wareneinkauf gegen Scheck . . . . 350,— DM
2. Wir kaufen einen gebrauchten Lieferwagen über ein Darlehen, das wir aufnehmen . . . . 15 200,— DM
3. Verkauf von Einrichtungsgegenständen bar . . . . 4 200,— DM
4. Kunde zahlt eine offene Rechnung mit Scheck . . . . 600,— DM
5. Barabhebung vom Bankkonto . . . . 2 800,— DM
6. Rückzahlung eines Teildarlehens über das Bankkonto . . . . . 6 000,— DM
7. Wareneinkauf auf Ziel . . . . 900,— DM
8. Lieferer erhält für eine fällige Rechnung einen Scheck . . . . . 800,— DM
9. Die Brauerei gibt uns ein Darlehen und liefert dafür Bier (Waren) 5 000,— DM
10. Kauf eines Grundstücks durch Aufnahme einer Hypothek . . . . 150 000,— DM

12 Führen Sie den folgenden Geschäftsgang von der Anfangs- bis zur Schlußbilanz durch!

Anfangsbestände:

Warenvorräte	16 000,— DM	Maschinen	34 000,— DM
Gebäude	280 000,— DM	Verbindlichkeiten	9 950,— DM
Darlehen	125 000,— DM	Kasse	3 250,— DM
Forderungen	6 000,— DM	Bank	20 310,— DM
Geschäftsausstattung	73 000,— DM		

Geschäftsvorfälle:

1. Wir kaufen eine neue Spülmaschine mit Scheck . . . . 8 200,— DM
2. Wir holen Wechselgeld von der Bank . . . . 350,— DM
3. Wir überweisen eine fällige Rechnung an den Lieferer . . . . . 2 850,— DM
4. Wir verkaufen unsere alte Spülmaschine bar . . . . 620,— DM
5. Wir verkaufen ein Teilgebäude, der Käufer zahlt mit Scheck . . . 44 000,— DM
6. Ein Kegelverein bezahlt die Rechnung für seinen Ausflug im Vormonat mit Verrechnungsscheck . . . . 1 325,— DM
7. Wir kaufen Waren auf Ziel . . . . 1 470,— DM
8. Rückzahlung eines Darlehens durch Überweisung . . . . 15 000,— DM
9. Wir kaufen neue Barhocker gegen bar . . . . 1 830,— DM
10. Wir erhalten von einem Gast für eine unbezahlte Zeche bar . . . 133,— DM

13 Erstellen Sie die Eröffnungsbilanz und buchen Sie den Geschäftsgang durch bis zur Schlußbilanz!

Anfangsbestände:

Geschäftsausstattung	54 000,— DM	Maschinen	9 800,— DM
Grundstücke u. Gebäude	265 000,— DM	Getränke	14 350,— DM
Bank	10 360,— DM	Forderungen	1 380,— DM
Verbindlichkeiten	8 440,— DM	Darlehen	30 000,— DM
Lebensmittel	2 710,— DM	Hypotheken	100 000,— DM
Kasse	1 630,— DM		

Geschäftsvorfälle:

1. Wir kaufen Bier und Cola-Getränke auf Ziel . . . . 675,— DM
2. Einkauf von Gemüse und Obst auf dem Markt . . . . 165,— DM
3. Ein Kunde erhält Getränke, zahlt aber erst im nächsten Monat . . 85,— DM
4. Kauf einer Waschmaschine gegen Scheck . . . . 3 200,— DM
5. Ein Kunde bezahlt fällige Rechnung mit Scheck . . . . 320,— DM
6. Anschaffung einer Tiefkühltruhe auf Ziel . . . . 1 750,— DM

7. Das Darlehen der Bank wird erhöht . . . . 10 000,— DM
8. Einkauf von Getränken bar . . . . 970,— DM
9. Verkauf einer gebrauchten Kellnerkasse bar . . . . 450,— DM
10. Überweisung einer Liefererrechnung . . . . 1 560,— DM
11. Wir heben Geld vom Bankkonto ab . . . . 1 400,— DM
12. Gesangsverein begleicht die ausstehende Rechnung für seine Jubilarfeier bar . . . . 780,— DM

14 Buchen Sie den folgenden Geschäftsgang von der Eröffnungsbilanz- bis zur Schlußbilanz unter Verwendung von EBK und SBK!

Anfangsbestände:

Grundstücke u. Gebäude	405 000,— DM	Getränkevorräte	11 100,— DM
Kasse	3 300,— DM	Rohstoffe (Lebensmittel)	2 400,— DM
Bank	44 800,— DM	Geschäftsausstattung	75 000,— DM
Forderungen	3 700,— DM	Verbindlichkeiten	5 600,— DM
Hypotheken	140 000,— DM		

Geschäftsvorfälle:

1. Wir bringen die Tageseinnahmen aus der Kasse zur Bank . . . . 1 400,— DM
2. Ein Kunde schickt einen Scheck . . . . 880,— DM
3. Kauf eines Grundstücks mit Scheck . . . . 17 000,— DM
4. Wir überweisen Hypothekentilgung . . . . 12 000,— DM
5. Der Geschäftsinhaber bekommt einen Lottogewinn bar ausgezahlt und erhöht damit sein Kapital . . . . 5 000,— DM
6. Kauf einer Spülmaschine mit Scheck . . . . 3 100,— DM
7. Anschaffung neuer Garderobenständer auf Ziel . . . . 825,— DM
8. Einkauf von Getränken auf Ziel . . . . 1 360,— DM
9. Bareinkauf von Obst und Gemüse . . . . 84,— DM
10. Lieferer erhält durch Überweisung . . . . 700,— DM
11. Wir zahlen die Garderobenständer bar . . . . 825,— DM
12. Bierlieferung auf Ziel . . . . 655,— DM

15 Stellen Sie die Eröffnungsbilanz auf, eröffnen Sie die Konten, buchen Sie die Geschäftsvorfälle und schließen Sie die Konten ab!

Anfangsbestände:

Geschäftsausstattung	84 000,— DM	Postgirokonto	5 100,— DM
Lebensmittel	6 600,— DM	Kassenbestand	1 300,— DM
Getränke	10 000,— DM	Darlehen	14 000,— DM
Forderungen	2 800,— DM	Verbindlichkeiten	6 400,— DM
Bankguthaben	13 000,— DM		

Geschäftsvorfälle:

1. Einkauf von Rotwein auf Ziel . . . . 770,— DM
2. Kauf eines Tischrechners gegen Bankscheck . . . . 350,— DM
3. Wir begleichen eine fällige Liefererrechnung durch Postgiroüberweisung . . . . 1 770,— DM
4. Kauf von Gemüsekonserven auf Ziel . . . . 290,— DM
5. Ein Kunde zahlt eine ausstehende Rechnung bar . . . . 500,— DM
6. Wir zahlen einen Teil des Darlehens über die Bank zurück . . . . 4 000,— DM
7. Abhebung vom Postgirokonto . . . . 2 500,— DM
8. Verbindlichkeiten werden in ein Darlehen umgewandelt . . . . 2 800,— DM
9. Bareinzahlung auf die Bank . . . . 1 200,— DM
10. Verkauf einer gebrauchten Kellnerkasse bar . . . . 180,— DM

11.	Kauf von Fleisch- und Wurstwaren bar	340,— DM
12.	Inhaber bringt einen Lottogewinn bar in den Betrieb ein und erhöht damit sein Kapital	5000,— DM
13.	Wir nehmen ein neues Darlehen auf, das uns auf dem Bankkonto gutgeschrieben wird	10000,— DM
14.	Überweisung von Verbindlichkeiten	950,— DM
15.	Kauf einer neuen Schreibmaschine gegen Scheck	700,— DM
16.	Gast bringt Bargeld	50,— DM

Fragen zur Übung und Wiederholung

1. Aus welchen Gründen wird die Bilanz in Konten aufgelöst?
2. Wo werden bei aktiven Bestandskonten die Bestandsvermehrungen gebucht?
3. Wie bezeichnet man die Differenz zwischen der Soll- und der Habenseite eines Kontos?
4. Wo werden bei passiven Bestandskonten die Bestandsverminderungen gebucht?
5. Nennen Sie die vier Arbeitsgänge, die zum Abschluß eines Kontos erforderlich sind!
6. Was besagt der oberste Grundsatz der doppelten Buchführung?
7. Unter welchem Namen kennen wir das Hilfskonto, das – nach Fertigstellung der Eröffnungsbilanz – der Eröffnung der Bestandskonten dient?

2.4 Buchung und Abschluß der Erfolgskonten

2.4.1 Erfolgsermittlung durch Kapitalvergleich

2.4.1.1 Das Kapitalkonto

Der Direktor des Hotels „Bergblick" bittet seinen neuen Angestellten, den Kaufmannsgehilfen im Hotel- und Gaststättengewerbe Walz, die folgenden Geschäftsvorfälle zu buchen:

4. Jan.	Drucksachen bar bezahlt	15,— DM
7. Jan.	Porto bar bezahlt	20,— DM
19 Jan.	Darlehenszinsen bei der Sparkasse bar eingezahlt	360,— DM
30. Jan.	Erziehungsbeihilfe für das als Hotel- und Gaststättengehilfin auszubildende Fräulein Gerda bar gezahlt	420,— DM
31. Jan.	Die Bank schreibt Zinsen gut	100,— DM

Hier handelt es sich um Geschäftsvorfälle, die den Erfolg seines Betriebes betreffen. Es sind Aufwendungen, die sein Eigenkapital vermindern.

Herr Walz bucht daher diese Vorgänge über das Eigenkapitalkonto.

S	Eigenkapital		H
04.01. Kasse	15,—	04.01. Anfangsbestand	1 200 000,—
07.01. Kasse	20,—	31.01. Zinserträge	100,—
19.01. Kasse	360,—		
30.01. Kasse	420,—		
31.01. Schlußbilanz	1 199 285,—		
	1 200 100,—		1 200 100,—

Die gezeigten Geschäftsvorfälle haben das Eigenkapital dahingehend verändert, daß er Ende Januar 19.. einen Verlust in Höhe von 715,— DM zu verzeichnen hat. Das Kapital von 1 200 000,— DM hat sich auf 1 199 285,— DM vermindert.

2.4.1.2 Unterkonten des Kapitalkontos

Anhand des gezeigten vereinfachten Beispiels stellt Herr Walz fest, daß das Kapitalkonto bereits nach kurzer Zeit unübersichtlich wurde. Er teilt es deshalb in **Unterkonten** auf. **Hierbei wird für jede Aufwendungs- und Ertragsart ein eigenes Konto gebildet.**

Beispiel: (vereinfacht)

S	Eigenkapitalkonto		H
Personalkosten	420,—	Anfangsbestand	1 200 000,—
Allgemeine Verwaltungskosten (AVK)*	35,—	Zinserträge	100,—
Zinsaufwendungen	360,—		
Schlußbilanz	1 199 285,—		
	1 200 100,—		1 200 100,—

S	Personalkosten		H
30.01. Kasse	420,—	Kapital	420,—
	420,—		420,—

S	Zinserträge		H
Kapital	100,—	31.01. Kasse	100,—
	100,—		100,—

S	Sonstige Betriebs- und Verwaltungskosten		H
04.01. Kasse	15,—	Kapital	35,—
07.01. Kasse	20,—		
	35,—		35,—

S	Zinsaufwendungen		H
19.01. Kasse	360,—	Kapital	360,—
	360,—		360,—

* Drucksachen 15,— DM, Porto 20,— DM } = 35,— DM

2.4.2 Erfolgsermittlung durch Erfolgskonten

Um das Eigenkapitalkonto übersichtlich zu machen und den Erfolg des Hotelbetriebs in **einer** Summe zu erfassen, sammelt Herr Walz die Aufwendungen und Erträge des Hotels „Bergblick" auf einem *Abschlußkonto*, dem **Gewinn- und Verlustkonto.**

Seine Buchführung sieht nun folgendermaßen aus:

Personalkosten

S		H	
30.01. Kasse	420,—	Gewinn- u. Verlustkonto	420,—
	420,—		420,—

Zinserträge

S		H	
Gewinn- u. Verlustkonto	100,—	31.01. Kasse	100,—
	100,—		100,—

Sonstige Betriebs- und Verwaltungskosten

S		H	
04.01. Kasse	15,—	Gewinn- u. Verlustkonto	35,—
07.01. Kasse	20,—		
	35,—		35,—

Zinsaufwendungen

S		H	
19.01. Kasse	360,—	Gewinn- u. Verlustkonto	360,—
	360,—		360,—

Gewinn- und Verlustkonto

S		H	
Personalkosten	420,—	Zinserträge	100,—
Allg. Verwaltungskosten	35,—	Eigenkapital	715,—
Zinsaufwendungen	360,—		
	815,—		815,—

Eigenkapitalkonto

S		H	
Schlußbilanz	1 199 285,—	Anfangsbestand	1 200 000,—
Gewinn- u. Verlustkonto	715,—		
	1 200 000,—		1 200 000,—

Übersichtsschema zu diesem Beispiel

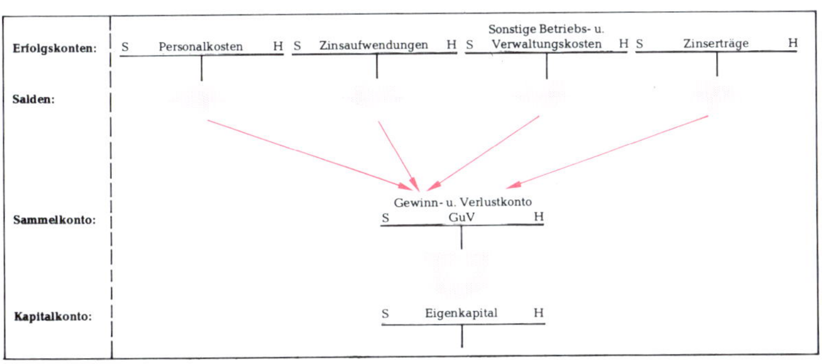

Die wichtigsten Erträge eines Hotelbetriebes entstehen in den Bereichen Küche, Keller und Beherbergung. Man nennt sie **Umsatzerlöse**. Für diese drei Bereiche kann ein gemeinsames Umsatzerlöskonto geführt werden. Besser ist es aber, drei getrennte Umsatzerlöskonten einzurichten, da diese Erträge aus drei verschiedenen Bereichen stammen: Küche = Produktion, Keller = Handel und Beherbergung = Dienstleistung.

Das bisherige Warenkonto wird jetzt immer getrennt für Lebensmittel und Getränke geführt.

1. Speisenumsatz:

Beispiel:

1. Wir kaufen Lebensmittel bar ein 1500,— DM.

S Lebensmittel	H
1500,—	

S Kasse	H
	1500,—

2. Ein Teil = 600,— DM dieser Lebensmittel wird in der Küche verarbeitet. Wir buchen:

S Lebensmittel	H
1500,—	600,—

S Lebensmittelkosten	H
600,—	

Durch die Umbuchung des Warenverbrauchs auf das Konto Warenkosten halten wir den Materialeinsatz für die GuV-Rechnung fest.

3. Aus den verarbeiteten Lebensmitteln werden Speisen, die verkauft werden und z.B. 1300,— DM einbringen.

S Kasse	H
1300,—	

S Speisenumsatz	H
	1300,—

2. Getränkeumsatz:

Beispiel:

1. Wir kaufen Getränke zum Barpreis von 1000,— DM.

S Getränke	H
1000,—	

S Kasse	H
	1000,—

2. Ein Teil der Getränke wird zum Preis von 700,— DM verkauft.

S Kasse	H
700,—	

S Getränkeumsatz	H
	700,—

3. Der Verbrauch an Getränken (Entnahme aus dem Vorrat) kann laufend gebucht oder durch Inventur festgestellt werden. Dasselbe Verfahren ist auch beim Lebensmittelverbrauch für die Küche möglich.

Sollbestand (Anfangsbestand + Einkäufe) z.B.	17000,— DM
Istbestand (durch Inventur ermittelt) z.B.	2000,— DM
Differenz d.h. verbraucht	= 15000,— DM

Dieser Wert wird auf das Konto Erlöse aus Keller umgebucht.

S Getränke			H
	17000,—	SB	2000,—
			15000,—
	17000,—		17000,—

S Getränkeumsatz	H
15000,—	

3. Beherbergungsumsatz:

Die Erlöse aus dem Bereich Beherbergung werden folgendermaßen gebucht:

S	Kasse	H
8000,—		

S	Beherbergungsumsatz	H
		8000,—

Einen Wareneinsatz gibt es hier nicht. Die Aufwendungen in diesem Bereich (z. B. Personalkosten) werden auf der GuV-Rechnung dem Ertrag gegenübergestellt.

Im Gastgewerbe wird in der Regel sofort bezahlt. Bleibt aber der Gast z. B. eine Rechnung über 150,— DM schuldig, so wird gebucht:

S	Forderungen	H
150,—		

S	Umsätze aus . . .	H
		150,—

Ein Umsatz ist entstanden, die Zahlung erfolgt aber erst später.

2.4.3 Der Abschluß der Erfolgskonten

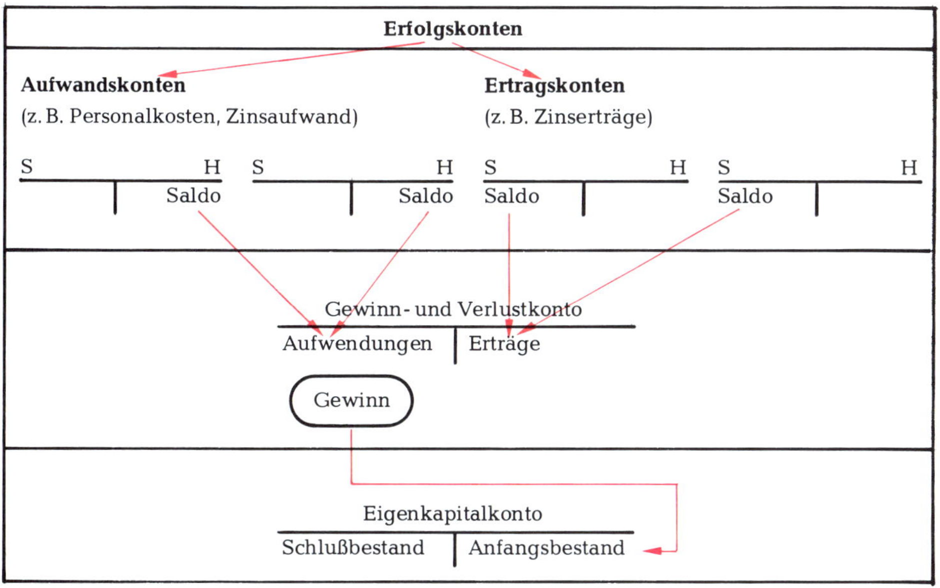

Merke:

Die Erfolgskonten werden in Aufwands- und Ertragskonten unterteilt. Aufwendungen werden (da sie Kapitalminderungen darstellen) auf der Sollseite, Erträge (da sie Kapitalvermehrungen sind) auf der Habenseite dieser Konten gebucht.

Der Abschluß der Erfolgskonten wird über das Gewinn- und Verlustkonto durchgeführt. Der Saldo des GuV-Kontos wird auf das Eigenkapitalkonto gebucht.

Aufgaben:

16 Buchen Sie die folgenden Geschäftsvorfälle und schließen Sie die GuV-Rechnung ab! Erstellen Sie abschließend die Schlußbilanz!

Anfangsbestände:

Geschäftsausstattung	126 000,— DM	Kasse	4 440,— DM
Lebensmittel	5 000,— DM	Bank	20 360,— DM
Getränke	7 220,— DM	Verbindlichkeiten	6 800,— DM

Kontenplan:

Lebensmittelkosten	Pacht
Speisenumsatz	Personalkosten
Getränkeumsatz	Sonstige Betriebs- u. Verwaltungskosten
Beherbergungsumsatz	Gewinn- und Verlustkonto
Energiekosten	

Geschäftsvorfälle:

1. Bargeldlose Lohn- und Gehaltszahlung . . . . 8 910,— DM
2. Getränkeeinkauf auf Ziel . . . . 3 480,— DM
3. Bareinnahmen aus Speiseabgabe . . . . 4 280,— DM
4. Bareinnahmen aus Beherbergung . . . . 3 910,— DM
5. Bareinzahlung auf das Bankkonto . . . . 8 000,— DM
6. Scheck eines Busunternehmers für die Unterbringung einer Reisegesellschaft . . . . 14 550,— DM
7. Bareinnahmen für verkaufte Getränke . . . . 4 750,— DM
8. Banküberweisung von Telefongebühren . . . . 460,— DM
9. Abbuchung der Stromrechnung . . . . 870,— DM
10. Rechnung für Wäschereinigung wird bar bezahlt . . . . 280,— DM
11. Überweisung der Pacht für das Hotel . . . . 9 500,— DM
12. Warenverbrauch . . . . 2 870,— DM

Getränkeendbestand lt. Inventur 9 200,— DM

17 Buchen Sie den folgenden Geschäftsgang von der Eröffnungs- bis zur Schlußbilanz!

Konten und Anfangsbestände:

Geschäftsausstattung	98 000,— DM	Lebensmittelkosten
Lebensmittel	7 000,— DM	Personalkosten
Getränke	8 550,— DM	Zinsen für Fremdkapital
Kasse	4 360,— DM	Energiekosten
Bank	21 780,— DM	Sonstige Betriebs- u. Verwaltungskosten
Forderungen	8 560,— DM	Pacht
Verbindlichkeiten	12 300,— DM	Erlöse
Darlehen	35 000,— DM	

Geschäftsvorfälle:

1. Lebensmitteleinkauf auf Ziel . . . . 790,— DM
2. Tageseinnahmen . . . . 6 400,— DM
3. Bank berechnet Zinsen . . . . 430,— DM
4. Überweisung der Gasrechnung . . . . 700,— DM
5. Kauf eines Grundstücks durch Aufnahme einer Hypothek . . . . 140 000,— DM
6. Löhne und Gehälter bargeldlos . . . . 3 600,— DM
7. Telefonrechnung wird abgebucht . . . . 350,— DM
8. Verwaltungsaufwand bar . . . . 830,— DM

9. Wir überweisen für Pacht . . . . 6 000,— DM
10. Darlehensrückzahlung über die Bank . . . . 2 000,— DM
11. Warenverbrauch . . . . 3 200,— DM
12. Ausgaben für Werbung mit Scheck bezahlt . . . . 260,— DM
13. Erlöse auf Ziel . . . . 3 750,— DM
14. Erlöse aus Verkauf von Zubehörwaren . . . . 1 150,— DM

18 Erstellen Sie die Eröffnungsbilanz, buchen Sie die Geschäftsvorfälle und erstellen Sie die Schlußbilanz!

Anfangsbestände:

Geschäftsausstattung	96 000,— DM	Kasse	1 800,— DM
Verbindlichkeiten	12 000,— DM	Bank	14 500,— DM
Lebensmittel	13 900,— DM	Forderungen	5 580,— DM
Getränke	11 400,— DM		

Geschäftsvorfälle:

1. Bargeldlose Lohnzahlung . . . . 8 750,— DM
2. Banküberweisung für Energieverbrauch . . . . 1 160,— DM
3. Abbuchung der Telefonrechnung . . . . 510,— DM
4. Bareinnahmen aus Getränkeverkauf . . . . 7 900,— DM
5. Bareinnahmen aus Beherbergung . . . . 12 370,— DM
6. Bareinzahlung auf das Bankkonto . . . . 15 000,— DM
7. Wir erhalten von einem Reisebüro für Gästebeherbergung im Vormonat einen Verrechnungsscheck . . . . 4 200,— DM
8. Lebensmitteleinkauf auf Ziel . . . . 2 300,— DM
9. Warenverbrauch Küche . . . . 2 660,— DM
10. Bareinnahmen aus Speisenabgabe . . . . 6 880,— DM
11. Barausgaben für Wäschereirechnung . . . . 425,— DM
12. Allgemeiner Verwaltungsaufwand bar . . . . 625,— DM
13. Gast zahlt für offene Rechnung bar . . . . 150,— DM

Endbestand Getränke laut Inventur 8 200,— DM

19 Buchen Sie die folgenden Geschäftsvorfälle in einem Geschäftsgang!

Anfangsbestände:

Geschäftsausstattung	116 700,— DM	Bank	19 370,— DM
Fuhrpark	22 600,— DM	Darlehen	30 000,— DM
Lebensmittel	7 300,— DM	Forderungen	1 600,— DM
Getränke	10 000,— DM	Verbindlichkeiten	7 250,— DM
Kasse	3 660,— DM		

Geschäftsvorfälle

1. Bareinnahmen aus Beherbergung . . . . 9 430,— DM
2. Wir zahlen Pacht durch Überweisung . . . . 3 400,— DM
3. Bareinnahmen aus Küche . . . . 8 750,— DM
4. Einkauf von Lebensmitteln auf Ziel . . . . 1 470,— DM
5. Überweisung von Steuern . . . . 880,— DM
6. Barzahlung der Malerrechnung für die Renovierung des Restaurants 4 690,— DM
7. Tageseinnahmen für Getränke . . . . 10 520,— DM

8. Bargeldlose Lohnzahlung . . . . 4 990,— DM
9. Wir bringen Bargeld zur Bank . . . . 16 000,— DM
10. Kunde zahlt per Scheck fällige Rechnung . . . . 1 100,— DM
11. Die Bank schreibt uns Zinsen gut . . . . 580,— DM
12. Wir liefern ein Kaltes Buffet an Fa. W. Sprenger und Söhne . . . 2 550,— DM
13. Wir überweisen fällige Liefererrechnungen . . . . 2 000,— DM
14. Sprenger und Söhne zahlen bargeldlos . . . . 2 550,— DM
15. Lebensmittelentnahme aus dem Magazin . . . . 3 280,— DM
16. Druckerei Merklinger liefert die neuen Hausprospekte, Zahlungsziel 30 Tage . . . . 375,— DM
17. Wir erhalten Miete für 5 Garagen bar . . . . 200,— DM
18. Die Bank belastet das Konto mit Zinsen für eine kurzfristige Kontoüberziehung . . . . 110,— DM
19. Druckerei Merklinger erhält einen Scheck . . . . 375,— DM
20. Gebrauchter Pkw wird auf Ziel verkauft . . . . 3 000,— DM

Getränkeendbestand laut Inventur 7 770,— DM

20 Buchen Sie den Geschäftsgang auf Bestands- und Erfolgskonten!

Anfangsbestände:

Geschäftsausstattung	164 800,— DM	Bank	32 600,— DM
Lebensmittel	16 500,— DM	Kasse	9 450,— DM
Getränke	12 300,— DM	Verbindlichkeiten	7 200,— DM
Forderungen	2 900,— DM		

Geschäftsvorfälle:

1. Getränkeeinkauf auf Ziel . . . . 870,— DM
2. Bargeldlose Lohnzahlung . . . . 5 100,— DM
3. Entnahme von Lebensmitteln aus dem Magazin . . . . 3 900,— DM
4. Lieferer erhält einen Scheck für fällige Rechnung . . . . 4 740,— DM
5. Überweisung der Gasrechnung . . . . 650,— DM
6. Lohnzahlung bar . . . . 500,— DM
7. Wir liefern an H. Meister zur Verlobung seiner Tochter ein Kaltes Buffet auf Ziel . . . . 1 670,— DM
8. Lebensmitteleinkauf bar . . . . 1 350,— DM
9. H. Meister zahlt mit Scheck . . . . 1 670,— DM
10. Bareinnahme aus Beherbergung . . . . 5 660,— DM
11. Zinsgutschrift der Bank . . . . 400,— DM
12. Tageseinnahmen aus Küche . . . . 9 890,— DM
13. Reparatur des Geschäftswagens bar . . . . 1 190,— DM
14. Portier erhält zum 50. Geburtstag bar . . . . 300,— DM
15. Reparatur an der Heizung bar . . . . 230,— DM
16. Der Gesangverein erhält eine Rechnung für ein Essen bei der Generalversammlung . . . . 2 800,— DM
17. Einzahlung von Bargeld auf die Bank . . . . 14 500,— DM
18. Tageseinnahmen aus Getränkeverkauf . . . . 4 360,— DM
19. Abbuchung der Stromrechnung . . . . 660,— DM
20. Warenverbrauch Küche . . . . 2 400,— DM
21. Pachtüberweisung . . . . 1 500,— DM
22. Kunde zahlt bar offene Rechnung . . . . 700,— DM

Endbestand Getränke laut Inventur 11 250,— DM

21 Das Hotel „Sonnhalde" hat im Monat Mai die nachstehenden Geschäftsvorfälle zu buchen. Stellen Sie die Eröffnungsbilanz zusammen, eröffnen Sie die Konten und schließen Sie nach dem Buchen mit der Schlußbilanz ab!

Anfangsbestände:

Geschäftsausstattung	127 000,— DM	Kasse	4 720,— DM
Darlehen	66 500,— DM	Verbindlichkeiten	11 900,— DM
Forderungen	9 650,— DM	Fuhrpark	18 000,— DM
Bank	38 200,— DM	Lebensmittel	12 470,— DM
		Getränke	16 100,— DM

Geschäftsvorfälle:

1.	Lebensmitteleinkauf auf Ziel	1 490,— DM
2.	Abbuchung der Pacht vom Bankkonto	1 200,— DM
3.	Wir erhalten für eine Hochzeitsfeier im Vormonat eine Überweisung	960,— DM
4.	Zur Jubiläumsfeier der Fa. Sauter wird ein Essen geliefert, Zahlung erfolgt später	6 500,— DM
5.	Abführung der Sozialversicherungsbeiträge des Arbeitgebers über die Bank	1 570,— DM
6.	Tageseinnahmen aus Speisenverkauf	5 220,— DM
7.	Wir erhalten Miete für Garagen per Scheck	420,— DM
8.	Lebensmittelverbrauch	2 370,— DM
9.	Fa. Sauter zahlt mit Scheck	6 500,— DM
10.	Verkauf von gebrauchten Einrichtungsgegenständen bar	1 500,— DM
11.	Wir kaufen Geschirr auf Ziel	2 730,— DM
12.	Ein Teil des gekauften Geschirrs wird zurückgeschickt	840,— DM
13.	Liefererrechnungen werden bargeldlos bezahlt	2 900,— DM
14.	Rückzahlung eines Darlehens über die Bank	8 000,— DM
15.	Zinsen für dieses Darlehen werden abgebucht	770,— DM
16.	Einzahlung von Bargeld auf die Bank	6 000,— DM
17.	Bareinnahmen aus Beherbergung	8 660,— DM
18.	Bargeldlose Lohnzahlung	7 850,— DM
19.	Wir senden einem Kegelclub die Rechnung für die Miete der Kegelbahn im letzten Halbjahr	300,— DM
20.	Wir überweisen verschiedene Versicherungsprämien	640,— DM
21.	Der Kegelclub zahlt bar	300,— DM
22.	Bareinnahmen aus Getränkeausgabe	7 800,— DM
23.	Entnahme von Lebensmitteln aus dem Magazin	3 280,— DM

Getränkeendbestand laut Inventur 14 200,— DM

Fragen zur Übung und Wiederholung

1. Im Hotel „Zum goldenen Stern" übersteigt der Wert der im Laufe eines Geschäftsjahres angefallenen Aufwendungen den der Erträge. Hat der Hotelpächter in diesem Fall einen Verlust oder einen Gewinn erzielt?
2. Unter welchem Oberbegriff faßt man die Aufwands- und Ertragskonten zusammen?
3. Wie lautet die Bezeichnung für das Abschlußkonto der Erfolgskonten?
4. Auf welche beiden Arten läßt sich der Jahreserfolg eines Unternehmens ermitteln?
5. Warum kann man die Erfolgskonten (Aufwands- und Ertragskonten) auch als „Unterkonten des Eigenkapitalkontos" bezeichnen?
6. Auf welcher Seite der Erfolgskonten werden die Aufwendungen, auf welcher die Erträge gebucht?

3 Marzluf/Gehring – ISBN 3-8120-0279-5

2.5 Buchungsbeleg und Buchungssatz

2.5.1 Der Buchungsbeleg

Der Buchhalter braucht Angaben darüber, *auf welche Konten* gebucht werden soll und *welche Beträge* zu buchen sind. Diese Informationen ergeben sich aus den **Belegen. Für jede Buchung muß ein Beleg vorliegen!**

Es sind zu unterscheiden:

1. der **natürliche** Beleg (z.B. Eingangsrechnung, Lastschrift des Postgirokontos, Quittung für bezahlte Pacht),
2. der **künstliche** Beleg (z.B. Quittung über Privatentnahmen, Belege für Abschlußbuchungen).

Während der natürliche Beleg aufgrund eines Geschäftsvorfalles entsteht, wird der künstliche Beleg (auch Eigenbeleg genannt) eigens für diese Buchung angefertigt.

Beispiel für den natürlichen Beleg (Ausgangsrechnung):

Schwarzwald-Hotel

7744 Königsfeld/Schwarzwald

Heilklimatischer und Kneippkurort · 800 m ü. M.

Telefon 07725/7091 – 7093

Konten:

Sparkasse Villingen-Schwenningen 00-007642
(BLZ 694 500 65)

Postgirokonto Karlsruhe 67931-756

RECHNUNG Datum: ....

für ....

Spezifizierung der Speisen und Getränke | DM

Endbetrag DM

....
Unterschrift mit Vollmacht

Im Endbetrag sind das Bedienungsgeld und 14 % MwSt. = DM .... enthalten.

Beispiel für den Eigenbeleg (Quittung für eine Privatentnahme):

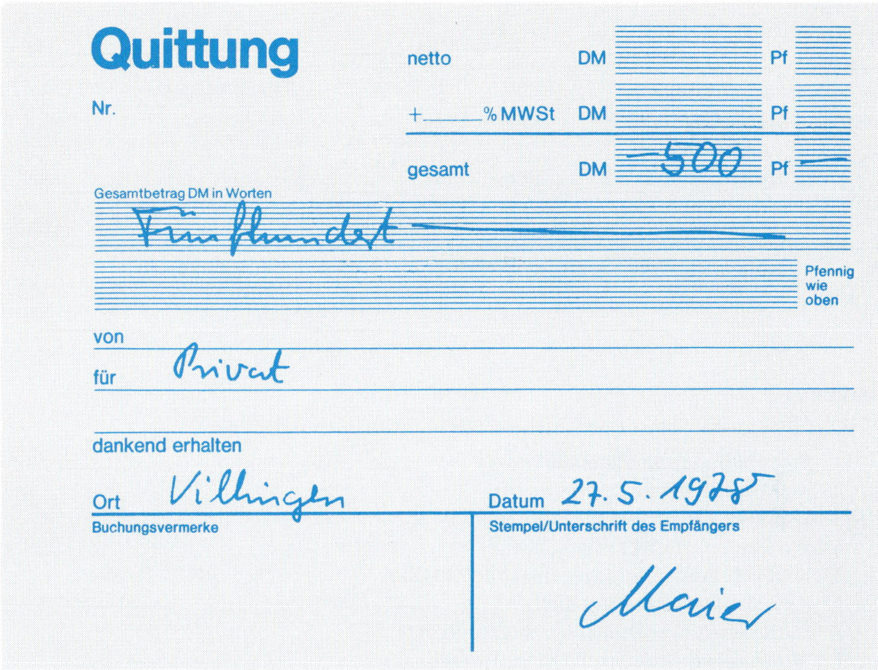

Quittung

Nr.

netto DM Pf

+____% MWSt DM Pf

gesamt DM —500 Pf —

Gesamtbetrag DM in Worten Fünfhundert

Pfennig wie oben

von

für Privat

dankend erhalten

Ort Villingen Datum 27.5.1978

Buchungsvermerke

Stempel/Unterschrift des Empfängers Maier

2.5.2 Einfacher Buchungssatz

Auf dem Buchungsbeleg wird ein *Kontierungsstempel* angebracht. Dieser wird mit dem *Buchungssatz* versehen.

Der Kontierungsstempel:

Beleg-Nummer			
SOLL		HABEN	
Kto.	Betrag	Kto.	Betrag
Buchungsdatum:			

Jeder Geschäftsvorfall wird einmal im Soll und einmal im Haben gebucht. Um die Buchungsformel zu vereinfachen, erfolgt der *Kontenanruf* **zuerst im Soll und dann im Haben.**

Beispiel:

Ein Gast, Herr Sachs, zahlt am 02.01.19.. seine Schulden in Höhe von 100,— DM bar. Da die Kasse zunimmt, wird auf dem Kassenkonto im Soll gebucht (Lastschrift). Die Forderungen an den Kunden nehmen ab. Deshalb wird auf dem Konto Forderungen im Haben gebucht (Gutschrift).

Der Kontenanruf lautet also: **Kasse an Forderungen**

Diese Buchung würde bei vollständiger Kontierung Datum, Buchungstext oder Gegenkonto und den Betrag umfassen:

Soll — Konto: **Kasse** — Haben

Datum	Buchungstext	DM	Datum	Buchungstext	DM
01.01.19..	Anfangsbestand	500,—			
02.01.19..	Barzahlung von Herrn Sachs	100,—			

Soll — Konto: **Forderungen** — Haben

Datum	Buchungstext	DM	Datum	Buchungstext	DM
01.01.19..	Anfangsbestand	200,—	02.01.19..	Barzahlung von Herrn Sachs	100,—

Aufgaben:

22 Bilden Sie zu den folgenden Geschäftsvorfällen die Buchungssätze!

1. Barabhebung vom Bankkonto.
2. Kunde zahlt offene Rechnung bar.
3. Wareneinkauf gegen Barzahlung.
4. Wir kaufen einen Pkw mit Scheck.
5. Kauf von Einrichtungsgegenständen auf Ziel.
6. Kauf von Getränken auf Ziel.
7. Darlehensrückzahlung über das Bankkonto.
8. Wir zahlen Liefererschulden mit Scheck.
9. Eröffnung eines Postgirokontos mit einer Bareinlage.
10. Kauf eines Grundstücks gegen Barzahlung.
11. Der Lieferer gibt uns ein Darlehen, für das wir Ware beziehen.
12. Umwandlung einer Verbindlichkeit in ein Darlehen.
13. Anschaffung einer Küchenmaschine auf Ziel.
14. Einkauf von Fleischwaren bar.
15. Kunde zahlt eine fällig gewordene Rechnung per Überweisung.

23 Welche Geschäftsvorfälle liegen den folgenden Buchungssätzen zugrunde?

1. Kasse an Bank . . . . 2000,— DM
2. Waren an Kasse . . . . 700,— DM
3. Kasse an Fuhrpark . . . . 3600,— DM
4. Geschäftsausstattung an Verbindlichkeiten . . . . 7500,— DM
5. Waren an Verbindlichkeiten . . . . 300,— DM
6. Darlehen an Bank . . . . 21200,— DM
7. Verbindlichkeiten an Bank . . . . 500,— DM
8. Fuhrpark an Verbindlichkeiten . . . . 14900,— DM
9. Forderungen an Maschinen . . . . 9700,— DM
10. Bank an Forderungen . . . . 1400,— DM

24 Um welche Geschäftsvorfälle handelt es sich bei den folgenden Buchungssätzen?

1. Waren an Darlehen . . . . 1600,— DM
2. Postgiro an Kasse . . . . 400,— DM
3. Bank an Postgiro . . . . 740,— DM
4. Betriebsstoffe an Kasse . . . . 220,— DM

5. Bank an Kasse . . . . 2300,— DM
6. Grundstücke an Bank . . . . 18000,— DM
7. Bank an Darlehen . . . . 20000,— DM
8. Kasse an Forderungen . . . . 2400,— DM
9. Bank an Fuhrpark . . . . 5000,— DM
10. Waren an Bank . . . . 490,— DM

25 Bilden Sie zu den folgenden Geschäftsvorfällen die Buchungssätze!

1. Die Bank belastet unser Konto mit Zinsen.
2. Ein Gast bleibt die Zeche schuldig.
3. Bargeldlose Lohnzahlung.
4. Tageseinnahmen aus Speisenabgabe.
5. Die Bank schreibt Zinsen gut.
6. Mieteinnahmen bar.
7. Betriebssteuern werden ans Finanzamt überwiesen.
8. Einkauf von Büromaterial.
9. Wir zahlen Pacht durch Überweisung.
10. Abbuchung der Telefonrechnung.
11. Tageseinnahmen aus Beherbergung.
12. Entnahme von Lebensmitteln aus dem Magazin zum Verbrauch.
13. Miete wird von uns mit Scheck bezahlt.
14. Kauf von Briefmarken bei der Post.
15. Abbuchung von Darlehenszinsen.
16. Wir lassen Prospekte drucken und zahlen nach 30 Tagen Ziel.

26 Um welche Geschäftsvorfälle handelt es sich bei den folgenden Buchungssätzen?

1.	Zinsen	an Bank
2.	Allgemeine Verwaltungskosten	an Kasse
3.	Miete	an Bank
4.	Kasse	Beherbergungsumsatz
5.	Werbekosten	an Verbindlichkeiten
6.	Forderungen	an Getränkeumsatz
7.	Personalkosten	an Kasse
8.	Warenkosten	an Warenvorräte

27 Um welche Geschäftsvorfälle handelt es sich bei den folgenden Buchungssätzen?

1.	Kasse	an Getränkeumsatz
2.	Warenkosten	an Lebensmittel
3.	Personalkosten	an Bank
4.	Kasse	an Speisenumsatz
5.	Pacht	an Bank
6.	Allgemeine Verwaltungskosten	an Verbindlichkeiten
7.	Bank	an Zinsen
8.	Betriebsstoffe	an Bank
9.	Kasse	an Miete

2.5.3 Der zusammengesetzte Buchungssatz

Es kommen auch Buchungen vor, bei denen nicht nur auf der SOLL- bzw. HABEN-Seite je ein Konto berührt wird. Wenn auf einer der beiden Seiten **mehrere** Konten angesprochen werden, handelt es sich um einen **zusammengesetzten** Buchungssatz.

Beispiel:

Der Geschäftsführer des Hotels „Zum goldenen Stern" kauft im Auftrag des Direktors eine Kaffeemaschine für 3000,— DM. Er zahlt 1000,— DM bar und stellt über den Rest einen Scheck aus.

Der Buchungssatz lautet:

Maschinen und maschinelle Anlagen	3000,— DM	an	1. Kasse	1000,— DM	und
			2. Bank	2000,— DM	

Sollbuchung:

S	Maschinen und maschinelle Anlagen		H
Kasse, Bank	3000,—		

Habenbuchungen: 1.

S	Kasse		H
		Maschinen	1000,—

2.

S	Bank		H
		Maschinen	2000,—

Merke:

1. Für jede Buchung muß ein Beleg vorliegen. Man unterscheidet natürliche und künstliche Belege.
2. Bei einem Buchungssatz wird zuerst das Konto genannt, auf dem im Soll gebucht wird, dann folgt – getrennt durch das Wort „an" – die Habenbuchung.

Aufgaben:

28 Bilden Sie zu folgenden Geschäftsvorfällen die Buchungssätze:

1.	Bareinzahlung auf das Postgirokonto	3500,— DM
	und auf das Bankkonto	800,— DM
2.	Verkauf eines unbebauten Grundstücks für	24000,— DM
	und eines Hotelanbaus für	70000,— DM
	gegen Scheck	
3.	Verkauf eines gebrauchten Lieferwagens	6100,— DM
	und verschiedener Einrichtungsgegenstände	2600,— DM
	gegen bar	
4.	Wir kaufen Getränke für 1200,— DM und zahlen mit Scheck	400,— DM
	bar	200,— DM
	nach 30 Tagen	600,— DM
5.	Kauf eines Autos. Bezahlung durch Bankscheck	10000,— DM
	durch Postscheck	5000,— DM
	Rest bar	2000,— DM
6.	Verkauf gebrauchten Mobiliars bar	4700,— DM
	auf Ziel	1000,— DM
7.	Lieferer erhält für offene Rechnung bar	180,— DM
	per Postscheck	300,— DM
	per Bankscheck	240,— DM
8.	Kauf einer Schreibmaschine. Anzahlung erfolgt bar	280,— DM
	Rest in 3 Monaten	500,— DM
9.	Wir kaufen für das Restaurant neue Stühle bar	7650,— DM
	für die Küche einen Grillautomaten bar	580,— DM
10.	Überweisung von Bankzinsen	175,— DM
	und einer Autoreparaturrechnung	445,— DM

29 Bilden Sie zu folgenden Geschäftsvorfällen die Buchungssätze:

1.	Kunde zahlt eine offene Rechnung per Postscheck	50,— DM
	per Bankscheck	70,— DM
2.	Zahlung von Verbindlichkeiten durch Überweisung	1 100,— DM
	mit Bargeld	150,— DM
3.	Kauf einer Waschmaschine im Wert von 900,— DM.	
	Davon werden bezahlt: mit Scheck	300,— DM
	Rest 30 Tage Ziel	
4.	Wareneinkauf mit Scheck	270,— DM
	auf Ziel	500,— DM
	bar	130,— DM
5.	Warenverkauf an einen Kunden gegen bar	70,— DM
	auf Ziel	180,— DM
6.	Verkauf einer gebrauchten Küchenmaschine	300,— DM
	und eines Schwarz-Weiß-Fernsehgerätes gegen bar	140,— DM
7.	Ein Gast zahlt die schuldig gebliebene Zeche bar	25,— DM
	mit Scheck	45,— DM
8.	Wir zahlen durch Überweisung zurück: ein Darlehen	5 000,— DM
	eine Hypothek	7 000,— DM
9.	Wir kaufen ein angrenzendes Grundstück und zahlen mit Scheck	9 000,— DM
	mit Bargeld	8 000,— DM
10.	Wir zahlen bargeldlos: Löhne	3 250,— DM
	Bankzinsen	875,— DM
	Telefongebühren	360,— DM

30 Welche Geschäftsvorfälle liegen den folgenden Buchungssätzen zugrunde?

1.	Geschäftsausstattung	2 000,— DM	an	Kasse	500,— DM
				Bank	1 500,— DM
2.	Waren	600,— DM	an	Verbindlichkeiten	100,— DM
				Postgiro	300,— DM
				Kasse	200,— DM
3.	Bank	8 000,— DM			
	Forderungen	4 000,— DM	an	Fuhrpark	12 000,— DM
4.	Grundstücke	25 000,— DM	an	Bank	20 000,— DM
				Kasse	5 000,— DM
5.	Hypotheken	3 500,— DM	an	Bank	2 000,— DM
				Postgiro	1 500,— DM
6.	Löhne	6 600,— DM			
	Zinsen	400,— DM	an	Bank	7 000,— DM
7.	Postgiro	1 200,— DM			
	Bank	1 400,— DM	an	Kasse	2 600,— DM
8.	Maschinen	17 000,— DM	an	Bank	16 000,— DM
				Kasse	1 000,— DM
9.	Geschäftsausstattung	22 000,— DM	an	Darlehen	18 000,— DM
				Bank	3 000,— DM
				Kasse	1 000,— DM
10.	Kasse	900,— DM	an	Miete	750,— DM
				Zinsen	150,— DM

31 Welche Geschäftsvorfälle liegen den folgenden Buchungssätzen zugrunde?

1.	Kasse	450,— DM			
	Bank	250,— DM	an	Forderungen	700,— DM
2.	Verbindlichkeiten	800,— DM	an	Bank	300,— DM
				Kasse	500,— DM
3.	Waren	1 300,— DM	an	Bank	600,— DM
				Verbindlichkeiten	700,— DM
4.	Darlehen	6 000,— DM	an	Bank	4 500,— DM
				Kasse	1 500,— DM
5.	Gebäude	44 000,— DM	an	Bank	38 000,— DM
				Postgiro	4 500,— DM
				Kasse	1 500,— DM
6.	Kasse	1 900,— DM	an	Forderungen	800,— DM
				Bank	1 100,— DM
7.	Bank	750,— DM	an	Postgiro	150,— DM
				Kasse	600,— DM
8.	Fuhrpark	16 400,— DM	an	Darlehen	10 000,— DM
				Postgiro	400,— DM
				Bank	6 000,— DM
9.	Kasse	13 000,— DM			
	Bank	13 000,— DM	an	Grundstücke	26 000,— DM
10.	Kasse	2 500,— DM			
	Forderungen	2 500,— DM	an	Geschäftsausstattung	5 000,— DM

Fragen zur Übung und Wiederholung

1. Warum muß für jede Buchung ein Beleg vorliegen?

2. Welche zwei Arten von Belegen unterscheiden wir?

3. Zählen Sie für jede dieser Belegarten einige Beispiele auf!

4. Erklären Sie die Begriffe „Gutschrift“ und „Lastschrift“!

5. Wodurch unterscheidet sich der einfache Buchungssatz vom zusammengesetzten Buchungssatz?

3 Organisation der Buchführung

3.1 Kontenrahmen und Kontenplan

Der Unternehmer im Hotel- und Gaststättengewerbe hat – wie jeder andere Betriebsinhaber – großes Interesse an der Übersichtlichkeit und Aussagefähigkeit seiner Buchführung. Auch die hohen Anforderungen an das moderne Rechnungswesen, das durch die elektronische Datenverarbeitung und internationale Verflechtung gekennzeichnet ist, machten eine Vereinheitlichung unerläßlich. Aus diesem Grund haben die Fachverbände verschiedener Wirtschaftszweige (Industrie, Handel, Banken usw.) für einzelne Branchen Kontensysteme geschaffen. Diese **„Kontenrahmen"** berücksichtigen die Eigenart des jeweiligen Wirtschaftszweiges. So gehört zu den in Abschnitt 1 erwähnten Richtlinien und Grundsätzen für das Rechnungswesen auch die Benutzung des geltenden Kontenrahmens.

Der Hotel- und Gaststätten-Kontenrahmen ist in 9 Kontenklassen eingeteilt. Fachverbände anderer Wirtschaftszweige haben ihre Kontenrahmen in 10 Klassen eingeteilt. Innerhalb dieser Kontenklassen erfolgt zur weiteren Übersichtlichkeit eine Aufgliederung in **Kontengruppen.** Der Kontenrahmen umfaßt also 9 - 10 Klassen mit jeweils 10 Gruppen. Somit ermöglicht er eine Untergliederung der Konten von 00 - 89 bzw. bei den Kontenrahmen anderer Wirtschaftszweige von 00 - 99.

Der Kontenrahmen ist allerdings nur ein „Rahmen", innerhalb dessen jeder Unternehmer entsprechend den speziellen Eigenarten seines Betriebes einen **Kontenplan** aufstellen kann.

Entsprechend den Bedürfnissen des Einzelbetriebes wird dann eine weitere Unterteilung in **Kontenarten** vorgenommen.

Der Hotel- und Gaststätten-Kontenrahmen umfaßt folgende Kontenklassen:

Kontenklasse	Konteninhalte
0	Sachanlagen und immaterielle Anlagewerte
1	Finanzanlagen und Geldkonten
2	Vorräte, Forderungen und aktive Rechnungsabgrenzungsposten
3	Eigenkapital, Wertberichtigungen und Rückstellungen
4	Verbindlichkeiten und passive Rechnungsabgrenzungsposten
5	Erträge
6	Betriebsbedingte Kosten
7	Anlagebedingte Kosten und sonstige Kosten
8	Eröffnung und Abschluß

Am Beispiel der Kontenklasse 6 (betriebsbedingte Kosten) soll jetzt die Aufgliederung in Kontengruppen gezeigt werden:

60 Warenkosten
61 Frei
62 Personalkosten
63 Frei
64 Energiekosten
65 Steuern, Gebühren, Beiträge und Versicherungen

66/67 Sonstige Betriebs- und Verwaltungskosten
68 Frei
69 Frei

Die Kontengruppe 60 (Warenkosten) könnte im Kontenplan des Hotels „Zum goldenen Stern" z.B. wie folgt unterteilt werden:

602 Lebensmittel
603 Getränke
604 Sonstige Waren (Handelsware)

Sollte es der Direktion des Hotels sinnvoll erscheinen, könnte z.B. das Konto 603 auch noch weiter unterteilt werden. Man würde dann von **Kontenunterart** sprechen.

Beispiel:

603 Getränke
6031 Bier
6032 Alkoholfreie Getränke
6033 Wein, Sekt
6034 Spirituosen
6035 Kaffee, Tee, Kakao

Kontenklasse → 6 0 3 4
Kontengruppe
Kontenart
Kontenunterart

Überblick über den Kontenrahmen des Hotel- und Gaststättengewerbes

Kontenklasse 0:

In dieser Kontenklasse sind mittel- und langfristige Aktivkonten, wie z.B. Grundstücke, Maschinen, Betriebs- und Geschäftsausstattung und Kraftfahrzeuge eingeordnet.

Kontenklasse 1:

Die Kontenklasse 1 ist die Klasse der Finanzanlagen und Geldkonten (z.B. Kasse, Schecks, Bankguthaben, Vorsteuer und Mehrwertsteuer).

Kontenklasse 2:

In dieser Kontenklasse werden vor allem Warenvorräte und Forderungen gebucht. Zur besseren Kontrolle können insbesondere größere Betriebe des Hotel- und Gaststättengewerbes hier ihre Bestände nach Warengruppen gliedern.

Kontenklasse 3:

Diese Kontenklasse erfaßt das Eigenkapital sowie Wertberichtigungen und Rückstellungen (z.B. Pensionsrückstellungen).

Kontenklasse 4:

Hier werden Verbindlichkeiten aller Art und der Bilanzgewinn gebucht.

Kontenklasse 5:

Hier werden die Erlöse der verschiedenen Bereiche des Hotel- und Gaststättenbetriebes (Beherbergung, Küche, Keller sowie der Eigenverbrauch) gebucht.

Kontenklasse 6:

Hier werden die Kostenarten im Hotel- und Gaststättengewerbe gebucht. Durch das genaue Erfassen der Aufwendungen (Warenkosten, Personalkosten, Abschreibungen, Energiekosten usw.) ist auch im Hotel- und Gaststättengewerbe eine Kostenrechnung möglich.

Kontenklasse 7:

Hier werden insbesondere die anlagebedingten Kosten, wie Pacht, Abschreibung und Zinsen für Fremdkapital, gebucht.

Kontenklasse 8:

Diese Kontenklasse dient der Eröffnungsbilanz, dem Abschluß der Gewinn- und Verlustrechnung und der Schlußbilanz.

> **Merke:**
> Der Kontenrahmen dient einer übersichtlichen Ordnung der Konten und der richtigen Zuordnung der Aufwands- und Ertragskonten. Die Fachverbände der verschiedenen Wirtschaftszweige erstellen Branchenkontenrahmen.
> Entsprechend seiner Größe und Eigenart entwickelt der einzelne Betrieb hieraus seinen Kontenplan.

Aufgabe:

32 Das Restaurant „Spessartblick" hat folgende Lebensmittelvorräte (alphabetisch gegliedert):

1. Eis
2. Fertiggerichte in Dosen
3. Frischfisch und Schalentiere
4. Frischfleisch
5. Frischgemüse
6. Geflügel
7. Gefrierfleisch
8. Kartoffeln
9. Konserven
10. Kuchen, Gebäck und Torten
11. Molkereiprodukte
12. Obst
13. Reis
14. Teigwaren
15. Wildbret
16. Wurstwaren

Nehmen Sie eine Warengruppeneinteilung vor, in der die Kontenart 202 in mehrere (etwa 5 - 8) Kontenunterarten aufgegliedert ist!

Das Gliederungsschema des vom „Arbeitskreis Betriebliche Organisation" erarbeiteten Hotel- und Gaststättenkontenrahmens ist folgendermaßen aufgebaut:

1. Bilanzkonten	2. Erfolgskonten	3. Eröffnungs- und Abschlußkonten
Kontenklasse 0 - 4	**Kontenklasse 5 - 7**	**Kontenklasse 8**
0 Sachanlagen und immaterielle Anlagewerte 1 Finanzanlagen und Geldkonten 2 Vorräte, Forderungen und aktive Rechnungsabgrenzungsposten 3 Eigenkapital, Wertberichtigungen und Rückstellungen 4 Verbindlichkeiten und passive Rechnungsabgrenzungsposten	5 Erträge 6 Betriebsbedingte Kosten 7 Anlagebedingte Kosten und sonstige Aufwendungen	8 Eröffnung und Abschluß

Aufgabe:

33 Wie lauten die Buchungssätze in den folgenden Kontierungsstempeln?

a)

Beleg-Nummer:			
SOLL		HABEN	
Kto.-Nr.	Betrag	Kto.-Nr.	Betrag
43	350,—	16	350,—
Buchungsdatum:			

b)

Beleg-Nummer:			
SOLL		HABEN	
Kto.-Nr.	Betrag	Kto.-Nr.	Betrag
62	8500,—	16	8500,—
Buchungsdatum:			

c)

Beleg-Nummer:			
SOLL		HABEN	
Kto.-Nr.	Betrag	Kto.-Nr.	Betrag
20	2000,—	43	2220,—
156	220,—		
Buchungsdatum:			

d)

Beleg-Nummer:			
SOLL		HABEN	
Kto.-Nr.	Betrag	Kto.-Nr.	Betrag
672	300,—	15	333,—
156	33,—		
Buchungsdatum:			

e)

Beleg-Nummer:			
SOLL		HABEN	
Kto.-Nr.	Betrag	Kto.-Nr.	Betrag
15	1110,—	06	1000,—
		186	110,—
Buchungsdatum:			

f)

Beleg-Nummer:			
SOLL		HABEN	
Kto.-Nr.	Betrag	Kto.-Nr.	Betrag
662	400,—	16	444,—
156	44,—		
Buchungsdatum:			

3.2 Systembücher der doppelten Buchführung

3.2.1 Das Grundbuch

Im Grundbuch werden sämtliche Geschäftsvorfälle in zeitlicher (chronologischer) Reihenfolge mit

a) Datum, Kontenanruf, Betrag,

b) Erläuterung des Geschäftsvorfalls und Hinweis auf den Beleg

erfaßt.

Zu Beginn des Geschäftsjahres werden die *Anfangsbestände* übernommen. Am Jahresende erfolgen die *vorbereitenden Abschlußbuchungen* und die *Abschlußbuchungen.*

Das Grundbuch ist auch unter den Bezeichnungen „Tagebuch" oder „Journal" bekannt.

Beispiel für den Aufbau eines Tagebuches:

Datum	Beleg-Nr.	Geschäftsvorfall	Konto-Nr.	Soll	Haben

3.2.2 Das Hauptbuch

Das Grundbuch enthält die Geschäftsvorfälle in **zeitlicher** Reihenfolge. Die Summe aller Konten eines Unternehmens bezeichnet man dagegen als Hauptbuch. Hier erscheint jede Buchung so, daß man eine **sachliche** Ordnung der Geschäftsvorfälle erreicht.

Da im Hauptbuch die Geschäftsvorfälle nach Konten (Mieten und Pachten, Warenvorräte, Energiekosten usw.), also sachlichen Gesichtspunkten geordnet sind, erübrigt sich hier die Beschreibung des Geschäftsvorfalles. Statt dessen wird nur das Gegenkonto aufgeführt.

Beispiel für ein Hauptbuchkonto:

S — 203 Getränke — H

Datum	Gegenkonto	Betrag	Datum	Gegenkonto	Betrag
11.11.19..	15 Kasse	600,—			

Grund- und Hauptbuch werden heute meist nicht in Buchform, sondern auf numerierten Karteikarten, Lochkarten oder Magnetdatenträgern (Magnetkontokarte, Magnetplatte) geführt.

Vom Grund- zum Hauptbuch

1. Sortieren der Belege,
2. Angabe des Buchungssatzes (Buchungsvermerk),
3. **Zeitliches** Ordnen der Geschäftsvorfälle,

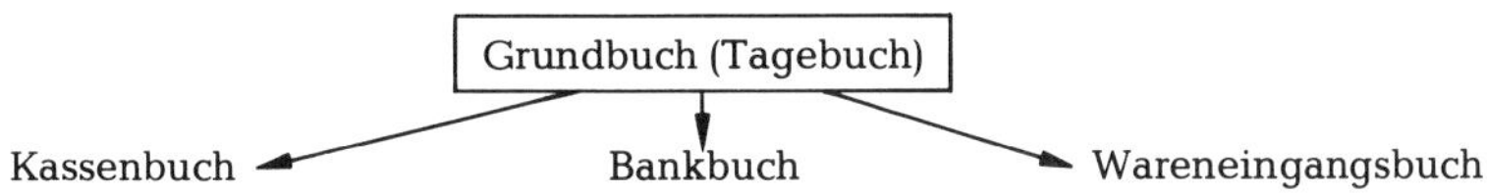

4. **Sachliches** Ordnen der Geschäftsvorfälle

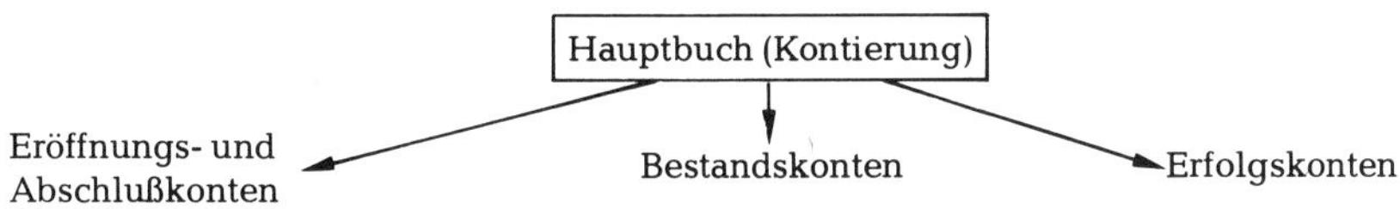

3.2.3 Wareneingangsbuch und Kassenbericht

3.2.3.1 Das Wareneingangsbuch

Da der Unternehmer im Hotel- und Gaststättengewerbe ein Handelsgewerbe betreibt, ist er zu einer gewissen **Mindestbuchführung** verpflichtet. Dazu gehört auch die Führung des Wareneingangsbuchs. Hier sind alle Waren einzutragen, die zur Weiterveräußerung vorgesehen sind. Dies gilt für Rohstoffe, Halberzeugnisse, Zutaten und Hilfsstoffe, wie z.B. Eis und Kohlensäure. Nach § 143 AO (1977) sind die Betragsspalten monatlich zu addieren. Aus den 12 Monatsendbeträgen ist dann das Jahresergebnis zu ermitteln.

Lfd. Nr.	Tag des Erwerbs	Beleg-hinweis	Lieferer Name Anschrift	Waren-bezeichnung	**Rechnungs-endbetrag**		Skonti, Abzüge usw. 7 %		14 %		**Reiner Warenpreis** einschl. MwSt		Tag der Zahlung	Vorsteuer	
					DM	Pf	DM	Pf	DM	Pf	DM	Pf		DM	Pf
1	2	3	4	5	6		7		8		9		10	11	

Aufgliederung des reinen Warenpreises (Spalte 23)

Rohstoffe		Handelsware		Getränke				Unkosten	Kleinrechnungsbeträge		**Netto-Wert**	
7 %	14 %	7 %	14 %	Bier	Wein, Spirituosen	Alkoholfr. Getränke	Kaffee, Tee		7 %	14 %	DM	Pf
12	13	14	15	16	17	18	19	20	21	22	23	

Aufgabe:

34 In den letzten Tagen gingen die nachstehenden Rechnungen ein. Prüfen Sie jeweils, ob ein Eintrag im Wareneingangsbuch erfolgt und führen Sie dann die Eintragungen durch!

3. Tabakgroßhandlung Brenner, Baden-Baden, lieferte auf Ziel: Tabakwaren für 165,30 DM.

5. Gemüse auf dem Markt gegen bar eingekauft. Preis = 38,85 DM.

6. Sektkellerei Deutz & Co, Breisach, lieferte auf Ziel:

Sekt	310,— DM
Fracht	11,— DM
	321,— DM = 38,52 DM.

7. Lebensmittelgroßhandlung Koste, Villingen, lieferte auf Ziel:

Mehl	55,— DM
Speiseöl	84,— DM
Essig	20,— DM
Eßschokolade	120,— DM
Kaffee	100,— DM
	379,— DM

10. Kronenbrauerei, Furtwangen, lieferte gegen bar:

Faßbier	198,50 DM
Flaschenbier	125,50 DM
Kohlensäure	25,— DM
	349,— DM

11. Getränke-Schmidt, Villingen, lieferte auf Ziel:

Sprudel	60,65 DM
Fruchtsäfte	33,40 DM
Limonade	50,15 DM
Eierlikör	49,20 DM
Kirschwasser	51,45 DM
	244,85 DM

12. Lebensmittelgroßhandlung Koste sendet eine Gutschrift für zurückgesandten Kaffee über 55,50 DM.

13. Barkauf einer Schreibmaschine bei Fa. Braun, Schwenningen:

Preis	825,— DM
Fracht	6,50 DM
	831,50 DM

14. Metzgerei Hansen, Villingen, lieferte gegen bar:

Leberwurst	12,30 DM
Fleischwurst	8,40 DM
Schinken	66,— DM
Schnitzel	38,50 DM
	125,20 DM

15. Reparaturrechnung für eine Küchenmaschine bar bezahlt: Betrag = 122,20 DM.

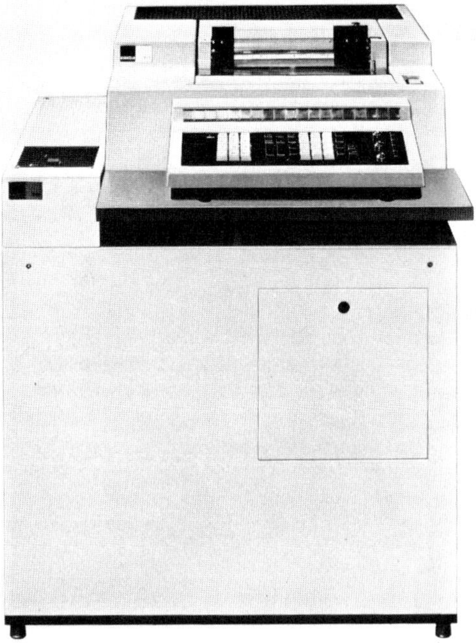

3.2.3.2 Der Kassenbericht

Neben dem Grundbuch, dem Wareneingangsbuch, der jährlichen Inventur und Bilanz sowie Aufzeichnungen über Forderungen und Schulden gehört auch der **Kassenbericht** zur Mindestbuchführung.

Mit Hilfe des Kassenberichts ermittelt der Kaufmann seine täglichen **Bareinnahmen.** Um diese Tageseinnahmen (Tageslosung) festzustellen, muß er den Kassenbestand bei Geschäftsschluß berichtigen. Die im Laufe des Tages angefallenen *Ausgaben* sind zu addieren. Der *Kassenendbestand* des Vortages und eventuelle nicht seinen Betrieb betreffende *Einnahmen* sind zu *subtrahieren.* Privatentnahmen oder Privateinlagen durch den Unternehmer sind ebenfalls als Ausgaben zu addieren oder als Einnahmen abzuziehen.

Beispiel:

Der Pächter des Gasthauses „Zum Hirsch" macht am 15.03.19.. nach Geschäftsschluß Kassensturz und erstellt den Kassenbericht:

Kassenbestand bei Geschäftsschluß	2000,— DM
Ausgaben im Laufe des Tages	
1. Zahlungen für Wareneinkäufe und Warennebenkosten	800,— DM
2. Geschäftsausgaben	60,— DM
3. Privatentnahmen	100,— DM
4. Sonstige	40,— DM
Zusammen:	3000,— DM
abzüglich Kassenbestand des Vortages	800,— DM
5. abzüglich sonstige Einnahmen	400,— DM
Bareinnahmen	1800,— DM

4 Marzluf/Gehring – ISBN 3-8120-0279-5

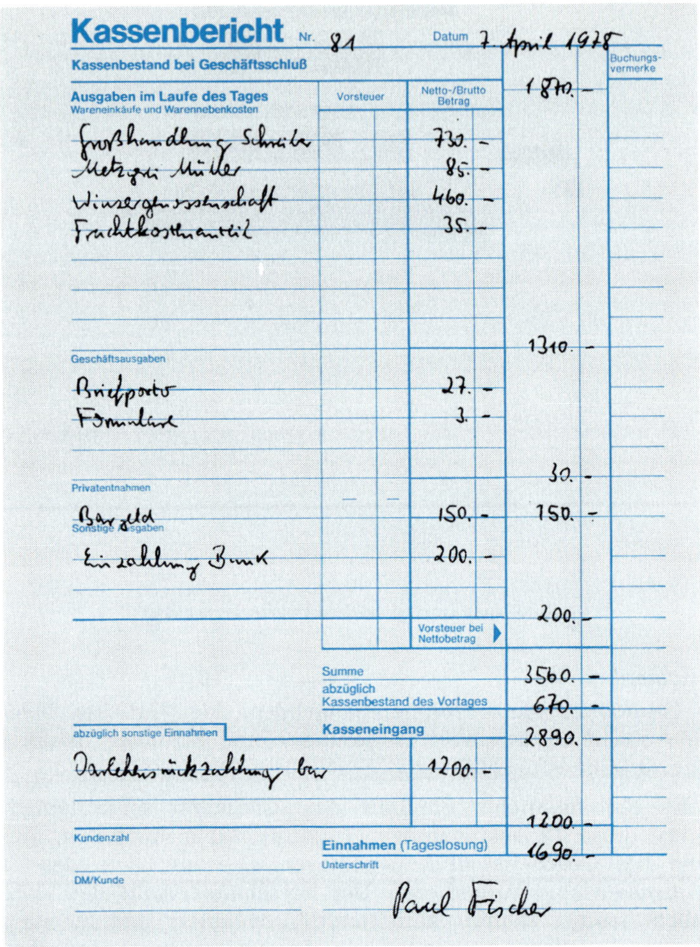

Kassenbericht Nr. 81 Datum 7. April 1978

	Vorsteuer	Netto-/Brutto Betrag		Buchungsvermerke
Kassenbestand bei Geschäftsschluß			1870.–	
Ausgaben im Laufe des Tages Wareneinkäufe und Warennebenkosten				
Großhandlung Schreiber		730.–		
Metzgerei Müller		85.–		
Winzergenossenschaft		460.–		
Frachtkostenanteil		35.–		
			1310.–	
Geschäftsausgaben				
Briefporto		27.–		
Formulare		3.–		
			30.–	
Privatentnahmen				
Bargeld		150.–	150.–	
Sonstige Ausgaben				
Einzahlung Bank		200.–		
			200.–	
		Vorsteuer bei Nettobetrag		
Summe			3560.–	
abzüglich Kassenbestand des Vortages			670.–	
Kasseneingang			2890.–	
abzüglich sonstige Einnahmen				
Darlehensrückzahlung bar		1200.–		
			1200.–	
Kundenzahl				
Einnahmen (Tageslosung)			1690.–	
DM/Kunde				
Unterschrift: Paul Fischer				

Aufgaben:

35 Stellen Sie den Kassenbericht für heute nach den folgenden Angaben zusammen und ermitteln Sie die Tageseinnahmen!

Kassenbestand abends	732,— DM
Kassenbestand morgens (vom Vortag)	867,40 DM
Rundfunk- und Fernsehgebühren bar	10,50 DM
Fa. Schwarz erhielt bar für Gemüse	142,70 DM
Rollgeld für Getränke bar	12,— DM
Umsatzsteuer bar	155,— DM
Kohlen für das Geschäft, bar	615,— DM
Kohlen für die Wohnung, bar	170,— DM
Lottogewinn per Postanweisung	300,— DM
Einzahlung bei der Bank	150,— DM

36 Stellen Sie nach den folgenden Angaben den Kassenbericht für heute zusammen und ermitteln Sie die Tageslosung! Lassen Sie alle Geschäftsvorfälle weg, die nicht in den Kassenbericht gehören!

Kassenbestand abends	1 285,17 DM
Darlehensrückzahlung des Kochs, bar	200,— DM
Bareinzahlung auf das Postgirokonto	170,— DM
Postgiroüberweisung Fa. Willi Sauter	315,— DM
Büromaterial, bar bezahlt	17,50 DM
Lieferer erhält einen Scheck	775,— DM
Wareneinkauf auf Ziel bei C + C	456,70 DM
Verbandsbeitrag 1. Quartal, bar	24,— DM
Fa. Steinberg für Eier, Milch, Käse, bar	65,15 DM
Großhandlung Nordhoff erhielt bar	152,25 DM
Kassenbestand morgens	975,80 DM

37 Stellen Sie aus den folgenden Angaben den Kassenbericht für den heutigen Tag zusammen!

Kassenbestand bei Geschäftsschluß	965,40 DM
Kassenbestand vom Vortag	735,10 DM
Gemüse vom Wochenmarkt	30,— DM
Milchrechnung bar bezahlt	95,60 DM
Nachporto für eine Warensendung	3,70 DM
Haushaltsgeld aus der Restaurantkasse	400,— DM
Bareinzahlung auf das Bankkonto	100,— DM
Restlohn an den Koch ausbezahlt	260,— DM
Fachzeitung 3. Quartal	18,60 DM
Mieteinnahme bar	256,— DM

38 Ermitteln Sie auf einem Kassenberichtsformular Tageseinnahmen (Tageslosung) für den heutigen Tag nach folgenden Angaben:

Kassenbestand bei Geschäftsschluß	668,50 DM
Kassenbestand vom Vortag	217,60 DM
Barabhebung von der Bank	350,— DM
Sozialversicherungsbeiträge bar	655,80 DM
Büromaterial bar	45,30 DM
Fa. Weiß & Söhne für Rechnung Nr. 407 bar	116,— DM
Frachtkosten für Getränke	12,40 DM
Reparatur im Restaurant bar	48,— DM
Briefmarken	21,— DM
Verkauf von Einrichtungsgegenständen gegen bar	117,— DM
Verkauf von Mobiliar gegen Scheck	500,— DM

3.2.4 Sonstige Neben- und Branchenspezialbücher

Bei der Vielzahl der Geschäftsvorfälle wird insbesondere bei größeren Betrieben das Tagebuch oft unübersichtlich. Aus diesem Grunde werden hier außer dem Wareneingangsbuch und dem Kassenbericht auch weitere Nebenbücher geführt.

In der **Liefererkartei** werden die Verbindlichkeiten zusammengefaßt. Sie bildet zusammen mit den Konten für Kunden und Gäste das **Kontokorrentbuch** (Geschäftsfreundebuch). Aus ihm sind im Gegensatz zum Hauptbuchkonto die

Höhe der einzelnen Forderung bzw. Verbindlichkeit und deren Fälligkeit ersichtlich. Im **Wechselkopierbuch** werden die wichtigsten Daten der ein- und ausgehenden Wechsel vermerkt. Im **Waren-** oder **Lagerbuch** ist für jede Warenart eine Lagerkarte angelegt. Aus ihr sind Name des Lieferers, Lieferdatum, Zu- und Abgänge, Meldebestand, eiserner Bestand, Preis je Einheit und eventuell weitere Angaben ersichtlich. Zu den Nebenbüchern zählen auch das Bankbuch, das Lohnbuch, das Portobuch usw.

Branchenspezialbücher sind:

1. Bierbuch
2. Fremdenverzeichnis
3. Prüfungsbuch für Schankanlage
4. Weinbuch
5. Wildhandelsbuch

Im **Bierbuch** werden am Tage der Lieferung Sorte, Menge, Betrag usw. erfaßt. Es gilt als Anlage zum Wareneingangsbuch und kann durch dieses ersetzt werden, falls Lieferscheine, Quittungen und ähnliche Belege ordnungsgemäß gesammelt bzw. gebucht sind.

Das **Fremdenverzeichnis** ist in den meisten Bundesländern – auch wo die Meldepflicht aufgehoben worden ist – vorgeschrieben. Es kann in verschiedenen Aufzeichnungsformen (Sammlung der Fremdenscheinkopien, Karteien, gebundene Bücher) geführt werden.

Bitte leserlich ausfüllen! (evtl. Druckschrift)

Raum für amtliche Vermerke

Meldeschein der Beherbergungsstätten
für die polizeiliche Meldebehörde

Beherbergungsstätte: 7744 KÖNIGSFELD/Schw. Bes. H. Diegner Tel. 0 77 25 - 70 91 - 3

Zimmer Nr. ....

7744 Königsfeld, ...

Ankunftstag date of arrival – date de l'arrivée

Voraussichtlicher Abreisetag

Name (bei Frauen auch Geburtsname) – name (maiden name) – nom (née) | **Vorname** – Christian name – prénom | **Beruf** – profession

Geburtstag – Tag, Monat, Jahr / date of birth – day, month, year / date de naissance – jour, mois, année | **Geburtsort** place of birth – lieu de naissance | **Kreis** country – pays | **Nur bei Geburtsort im Ausland Staat** – state – pays

Staatsangehörigkeit nationality – nationalité | **Postleitzahl** | **Wohnort** residence – domicile | **Straße, Nr.** No., street – No., rue | **Kreis** country – pays | **Nur bei Wohnort im Ausland Staat** – state – pays

Ohne/mit Ehefrau without/with Mrs.: sans/avec Mme.: | **Vorname** Chirstian name prénom | **geborene** maiden name née | **Geburtsdatum** date of birth date de naissance | **Geburtsort** place of birth lieu de naissance | **Ohne/mit Kindern (Anzahl)** without/with children (number) sans/avec enfants (nombre)

Namen und Geburtstage der Kinder:

.... geb. ....

.... geb. ....

.... geb. ....

.... geb. ....

7744 Königsfeld im Schwarzwald, den ....

....

(Unterschrift des Gastes – signature)

Mit dem **Prüfungsbuch für Schankanlagen** erbringt der Gastwirt den Reinigungsnachweis für seine Getränkeschankanlagen gegenüber der Gewerbepolizei. Getränkeleitungen und Zubehörteile sind nach Bedarf, mindestens jedoch in Abständen von 14 Tagen gründlich zu reinigen. Die Gewerbepolizei fertigt nach ihren Überprüfungen der Ordnungsmäßigkeit der Getränkeschankanlagen jeweils eine Prüfungsbescheinigung aus.

Reinigungsnachweis

Tag der Reinigung	Bezeichnung der gereinigten Getränkeleitungen (Nr.)	Art der Reinigung	Unterschrift

Gastwirte, deren durchschnittlicher Jahresumsatz 1500 Flaschen übersteigt, sind nach dem Weingesetz verpflichtet, ein **Weinbuch** zu führen.

Eingang

Tag des Einganges	Bezeichnung der Getränke; Angabe, ob Hybridenerzeugnis	Bezugsfirma sowie Tag des Geschäftsabschlusses	Gezuckert, ungezuckert, verschnitten, entkeimt oder mit entkeimtem Traubenmost versetzt	Menge			Bemerkungen
				Liter	Flaschen		
					$^1/_1$	$^1/_2$	
1	2	3	4	5	6	7	8

Ausgang

Tag des Ausganges	Bezeichnung der Getränke; Angabe, ob Hybridenerzeugnis	Art des Ausganges (ob verkauft, im Ausschank oder im eigenen Haushalt verbraucht, auf Flaschen gefüllt usw.)	Menge			Bemerkungen
			Liter	Flaschen		
				$^1/_1$	$^1/_2$	
9	10	11	12	13	14	15

Nach der Wildverkehrsordnung sind Gastwirte, die gewerbsmäßig Wildbret verarbeiten und verkaufen zur Führung des **Wildhandelsbuches** verpflichtet. Auch selbsterlegtes Wild und Lieferungen von Rücken, Keulen usw. sind eintragungspflichtig. Die Eintragungen müssen den Grundsätzen der Ordnungsmäßigkeit der Buchführung (siehe Kapitel 1) genügen.

Merke:
Nebenbücher und Branchenspezialbücher sind Bücher der einfachen Buchführung. Sie werden vor allem beim Kleinbetrieb des Hotel- und Gaststättengewerbes geführt.

Lfd. Nr.	Tag des Erwerbes	Bezeichnung des erworb. Wildes (Wildart, Geschlecht; b. Keulen und Rücken auch Stückzahl)	Erlegungs-Jagdbezirk (Ort und Jagdkreis)	Name und Anschrift des Jagdausübungsberechtigten	Name und Anschrift des Lieferanten oder Versenders	Nummer des Ursprungszeichens	a) Im eigenen Betrieb verbraucht oder zerwirkt an den Selbstverbraucher abgegeben. b) Unzerwirkt abgegeben. c) Zerwirkt an Wiederverkäufer abgegeben. In den Fällen b) und c): Name und Anschrift des Erwerbers
1	2	3	4	5	6	7	8

Fragen zur Übung und Wiederholung

1. Welches sind die wichtigsten Kontenrahmen?
2. Erklären Sie den Unterschied zwischen Kontenrahmen und Kontenplan!
3. Inwieweit erleichtert der Kontenrahmen
   a) den innerbetrieblichen,
   b) den außerbetrieblichen Vergleich?
4. Warum kann man den Geschäftsablauf als Ordnungsprinzip für die Einteilung in Kontenklassen ansehen?
5. Worin besteht der Vorteil des Kontokorrentbuches gegenüber dem Hauptbuchkonto?
6. Welche 5 Branchenspezialbücher führt der Gastwirt?
7. Aus welchem Grunde werden Getränkeschankanlagen hinsichtlich ihrer Ordnungsmäßigkeit geprüft?

4 Der Geschäftsablauf im Hotel- und Gaststättenbetrieb

4.1 Grundbegriffe des Rechnungswesens im Hotel- und Gaststättenbetrieb

4.1.1 Aufwand und Kosten

Der Verbrauch oder Werteverzehr eines Betriebes kann mit dem Betriebszweck zusammenhängen (z. B. 6034 „betriebsbedingte Kosten für Spirituosen") oder betriebsfremden Zwecken dienen (z. B. 799 „sonstige Aufwendungen").

Wird der Werteverzehr unabhängig davon betrachtet, ob er dem Betriebszweck dient oder nicht, so spricht man von **Aufwand.** Falls es sich dagegen um betriebsbedingten Verbrauch handelt (z. B. 62 „Personalkosten") spricht man von **Kosten.**

4.1.1.1 Einzelkosten und Gemeinkosten

Diejenigen Kosten, die einem Kostenträger (z. B. einer Übernachtung, einer Flasche Wein Nr. 17 oder dem Gedeck Nr. 3) unmittelbar und direkt zugerechnet werden können, heißen **Einzelkosten.** Demgegenüber werden Kosten, die durch die „allgemeine" Betriebstätigkeit entstehen und deshalb von mehreren oder allen Kostenträgern getragen werden müssen, als **Gemeinkosten** bezeichnet. Ob es sich im Einzelfall um Gemeinkosten oder Einzelkosten handelt, hängt von der Art des Hotel- und Gaststättenbetriebes und seiner Organisation ab.

Allgemein könnte man folgende Beispiele für Einzelkosten bzw. Gemeinkosten nennen:

Einzelkosten		Gemeinkosten	
Kto.-Nr.	Kontobezeichnung	Kto.-Nr.	Kontobezeichnung
6031	Bier	62	Personalkosten
6041	Tabakwaren	64	Energiekosten
6521	Getränkesteuer	73	Abschreibungen
		75	Zinsen für Fremdkapital

4.1.1.2 Feste Kosten und veränderliche Kosten

Viele Hotel- und Gaststättenbetriebe haben hohe Anlage- und Kapitalkosten. Das Hotel- und Gaststättengewerbe wird deshalb oft auch als „anlageintensiv" bezeichnet. Dieser Situation trägt vor allem die Kontenklasse 7 „Anlagebedingte Kosten und sonstige Kosten" Rechnung.

Kosten, die auch bei geringer Auslastung des Betriebes gleich hoch bleiben, bezeichnet man als *feste Kosten* (Fixkosten). Kosten, die mit der Auslastung des Betriebes steigen oder fallen, heißen *veränderliche Kosten* (variable Kosten).

Beispiel:

feste Kosten		variable Kosten	
Kto.-Nr.	Kontobezeichnung	Kto.-Nr.	Kontobezeichnung
656	Versicherungen	602	Lebensmittel
70	Miete und Pachten	603	Getränke
75	Zinsen und Fremdkapital	6521	Getränkesteuer

4.1.2 Ertrag und Leistung

So wie der Aufwand einen Werteverzehr darstellt, der dem **Betriebszweck** dienen kann, aber nicht dienen muß, kann auch der Ertrag aus der betrieblichen Tätigkeit entspringen. Er muß es aber nicht. Das Konto Nr. 54 „sonstige Zinsen und ähnliche Erträge" ist z.B. ein Ertragskonto, das mit dem eigentlichen Zweck des Hotel- und Gaststättenbetriebes nichts zu tun hat. Das Konto Nr. 503 Getränkeumsatz dient dagegen zweifellos dem Betriebszweck.

So wie dem Aufwand der Ertrag gegenübersteht (vgl. auch Abschnitt 2.4.2), entspricht den Kosten die Leistung.

Die Leistung eines Hotel- und Gaststättenbetriebes ergibt sich meist aus den Betriebsergebnissen von:

1. Beherbergung
2. Küche und Restaurant
3. Keller und Ausschank

Für das **Kontrollwesen** und die **Preiskalkulation** ist es jedoch wichtig, daß diese drei Bereiche nach Möglichkeit getrennt erfaßt werden. Deshalb werden die auf den Bereich Beherbergung (62 „Personalkosten", 72 „Instandhaltung" usw.) entfallenden Kosten bei der Ermittlung des Betriebsergebnisses den Umsatzerlösen (z.B. 501 „Beherbergungsumsatz") gegenübergestellt.

Merke:
Kosten, die vom Beschäftigungsgrad (der Auslastung des Betriebes) unabhängig sind, heißen fixe Kosten; Kosten, die sich mit dem Beschäftigungsgrad ändern, heißen variable Kosten.

Aufwand, Ertrag, Kosten und Leistung – Überblick

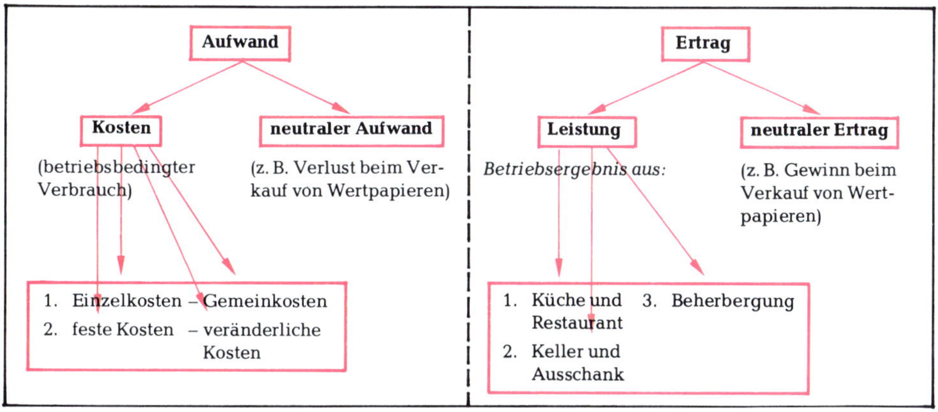

4.2 Privatentnahme und Privateinlage

Private und betriebliche finanzielle Vorgänge muß der Betriebsinhaber streng trennen. Privateinlagen oder Privatentnahmen verändern das Eigenkapital, das im Betrieb investiert ist. Sie stellen aber weder einen Aufwand noch einen Ertrag dar.

Wenn ein Gastwirt im Laufe des Jahres Geld oder Waren entnimmt, so darf dies also nicht auf betriebliche Konten gebucht werden. Privatentnahmen oder Privateinlagen müssen auf dem Privatkonto als Unterkonto des Kapitalkontos gebucht werden. Private Warenentnahmen sind als Eigenverbrauch zu buchen:

Beispiele:

a) Privatentnahme des Unternehmers
195 Privat an 15 Kasse

b) Private Warenentnahme des Unternehmers
195 Privat an 59 Eigenverbrauch

c) Der Unternehmer verkauft einen Teil seines Privatgrundstücks (Garten) als Bauland, um mit dem eingehenden Erlös sein Hotel zu renovieren.
16 Bankguthaben an 195 Privat

Aufgabe:

39 Überlegen Sie bei den folgenden Vorfällen immer, ob auf das Privatkonto oder ein anderes Geschäftskonto gebucht werden muß! Bilden Sie die Buchungssätze und buchen Sie anschließend auf T-Konten! Geben Sie auch jeweils die Kontonummer an!

1. Hotelier Braun entnimmt der Kasse 500,— DM für eine kurze Urlaubsreise.
2. Er zahlt an einen Studenten, der seiner Tochter Nachhilfestunden gab, aus der Kasse 150,— DM.
3. Am gleichen Tag gibt er seiner Ehefrau 350,— DM Haushaltsgeld.
4. Er feiert seinen Geburtstag und entnimmt dem Keller Getränke im Wert von 160,— DM.
5. Er zahlt für seinen Sohn das Abonnement einer Hobbyzeitschrift, die im Jahr 24,— DM kostet, bar.
6. Um sein Kapital zu erhöhen, verkauft er ein Grundstück seiner Ehefrau, die selbstverständlich einverstanden ist. Das Geld dafür, 30 000,— DM, geht auf seinem Bankkonto ein.
7. Braun zahlt seinem Commis für Überstunden bar 250,— DM.
8. Für einen Diätkurs, den sein Küchenchef bei der Volkshochschule mitgemacht hat, überweist er 440,— DM.
9. Von seiner verstorbenen Tante erbt er 10 000,— DM Bargeld, die er in das Geschäft einbringt.
10. Vom Bankkonto wird die Miete für sein Wochenendhaus abgebucht.
11. Er zieht aus dem Zigarettenautomaten durch Einwurf von 3,— DM aus der Restaurantkasse eine Packung Filterzigaretten Marke „Rauchlos".
12. Mit einem Verrechnungsscheck zahlt er 750,— DM Einkommensteuer.
13. Ebenfalls mit Verrechnungsscheck zahlt er am gleichen Tag 1 000,— DM Umsatzsteuer.
14. Braun überweist die Haftpflichtversicherung für den Lieferwagen des Hotels, die vierteljährlich 670,— DM kostet.
15. Für seine nächste Urlaubsreise kauft er sich einen neuen Campingwagen für 11 280,— DM per Scheck.
16. Lieferer Müller erhält einen Scheck für eine Warensendung im Wert von 800,— DM.
17. Braun zahlt mit einem Verrechnungsscheck über 900,— DM die Internatsgebühren für den Schulbesuch von 2 Auszubildenden.

18. Zu seiner Silberhochzeit bewirtet er in seiner Wohnung 25 Verwandte. Das Fest kostet ihn 625,— DM.
19. Er zahlt die Kfz-Steuer für den Kleinwagen seines Sohnes, der noch die Hotelfachschule besucht, bar. Die Steuer beläuft sich auf 185,— DM.
20. Auf dem Bankkonto gehen 2000,— DM ein, die seine Ehefrau beim großen Preisausschreiben eines Versandhauses gewonnen hat.

4.3 Der Zahlungsverkehr

4.3.1 Umsatzsteuer

4.3.1.1 Begriff und Wesen der Umsatzsteuer

Güter und Dienstleistungen werden im Gastgewerbe und in allen vorgelagerten Gewerbezweigen erzeugt bzw. erstellt. Der Wert eines Gutes nimmt so vom Erzeuger bis hin zum Endverbraucher zu. Der in den einzelnen Betrieben – Landwirtschaft – Industrie – Handel – Verkehr usw. entstehende Unterschied zwischen Einkaufspreis und Verkaufspreis („Mehrwert") wird besteuert.

Die dem Gastwirt vom Lieferer berechnete Umsatzsteuer heißt **Vorsteuer,** die vom Gastwirt dem Gast in Rechnung gestellte Umsatzsteuer **Mehrwertsteuer.** Die Vorsteuer stellt eine Forderung des Gastwirts an das Finanzamt dar, während die Mehrwertsteuer eine Schuld des Gastwirts an das Finanzamt ist. Aus diesem Grund ist nur der Unterschied zwischen der Vorsteuersumme und der Mehrwertsteuersumme an das Finanzamt abzuführen. Diese Differenz heißt **Zahllast.**

Beispiel:

Wareneinkauf im Monat Dezember (Summe der Eingangsrechnungen):	5000,— DM
+ 7% Vorsteuer	350,— DM
	5350,— DM
Verkauf im Monat Dezember (Summe der Ausgangsrechnungen):	10000,— DM
+ 14% Mehrwertsteuer	1400,— DM
	11400,— DM

Der Unterschied der beiden Umsatzsteuerbeträge 1400,— DM ./. 350,— DM = 1050,— DM ist die an das Finanzamt abzuführende Zahllast.

4.3.1.2 Die Buchung von Vorsteuer, Mehrwertsteuer und Zahllast

Nach **§ 1 des Umsatzsteuergesetzes** (UStG) sind

1. Lieferungen und Leistungen, die ein Unternehmer gegen Entgelt im Rahmen seines Unternehmens ausführt und
2. sein Eigenverbrauch (Privatentnahmen sowie die Verwendung von Teilen des Anlagevermögens für private Zwecke)

zu versteuern.

Nach § 12 UStG beträgt der allgemeine Steuersatz seit 01.07.1983 14%. Er ermäßigt sich beim Einkauf der in Anlage 1 zu § 12 aufgeführten Artikel (vor allem bei Lebensmitteln) auf 7%.

Beispiel 1: Einkauf von Lebensmitteln

Der Wirt des Gasthauses „Zum Pflug" kauft Lebensmittel im Wert von 2130,— DM ein. Die Rechnung seines Lieferers lautet über:

Lebensmittel	2000,— DM
MWSt (7 %)	140,— DM
	2140,— DM

Buchung:	202 Lebensmittel	2000,— DM			
+	156 Vorsteuer	140,— DM	an	15 Kasse	2140,— DM

Beispiel 2: Einkauf von Reinigungsmitteln

Die Rechnung der Lieferfirma lautet:

	Reinigungsmittel	150,— DM
+	MWSt (14 %)	21,— DM
		171,— DM

Buchung:	661 Reinigung	150,— DM			
+	156 Vorsteuer	21,— DM	an	15 Kasse	171,— DM

Bei den Ausgangsrechnungen sind im Hotel- und Gaststättengewerbe – im Gegensatz zu den Eingangsrechnungen – Inklusivpreise angegeben. Hier ist die MWSt bereits berücksichtigt. Der Steuerbetrag muß also, da die MWSt eine Steuerschuld an das Finanzamt darstellt, **nachträglich errechnet** werden. Dies geschieht mit Hilfe eines Dreisatzes:

Beispiel 3: Errechnen und Buchen der MWSt

a) Errechnen der MWSt mit Hilfe eines Dreisatzes bei mehreren Ausgangsrechnungen in Höhe von insgesamt 2000,— DM

114 %	2000,— DM
14 %	× DM

$$\frac{2000{,}\text{— DM} \cdot 14}{114} = 245{,}61 \text{ DM}$$

Der Unterschiedsbetrag zwischen der Umsatzsteuerschuld an das Finanzamt (MWSt) und den Vorsteuerforderungen gegenüber dem Finanzamt heißt Zahllast. Er wird monatlich an das Finanzamt abgeführt.

Beispiel 4:

a) Errechnen der Zahllast:

im Monat . . . angefallene Mehrwertsteuer	1100,— DM
./. im gleichen Zeitraum angefallene Vorsteuer	275,— DM
abzuführende Zahllast	825,— DM

b) Ermitteln der Zahllast durch Saldieren der Konten 186 (MWSt) und 156 (Vorsteuer):

Buchung: 186 (MWSt) an 156 (Vorsteuer) 275,— DM

Während das Konto Vorsteuer jetzt ausgeglichen ist, ergibt sich auf dem Konto 186 (MWSt) ein Saldo, die Zahllast (in unserem Beispiel in Höhe von 825,— DM).

c) Überweisen der Zahllast an das Finanzamt:

Buchung: 186 (MWSt) an 16 Bankguthaben 825,— DM

Merke:
Durch die Umsatzsteuer (Vorsteuer und Mehrwertsteuer) wird die Erfolgsrechnung nicht beeinflußt. Diese Steuer zahlt der Endverbraucher (Gast).

Aufgaben:

40 Stellen Sie fest, bei welchen der folgenden Geschäftsfälle Umsatzsteuer zu zahlen ist!

1. Herr Müller, der Jagdpächter ist, verkauft Wild für 200,— DM an den Besitzer des Spezialitätenrestaurants „Gourmet".
2. Herr Müller entnimmt für eine private Feier Torten im Wert von 80,— DM.
3. Das Rote Kreuz erhält von Herrn Müller ein Spende von 150,— DM.

41 Zu den folgenden Geschäftsfällen sind die Buchungssätze zu bilden:

1. Ein Stammgast erhält eine Rechnung über 1 150,50 DM netto für Speisen und 349,50 DM für Getränke. Es ist noch die Mehrwertsteuer zu berücksichtigen.
2. Ein Kunde zahlt 2 500,— DM durch Verrechnungsscheck.
3. Bareinkauf von Lebensmitteln im Wert von 800,— DM netto + MWSt (ermäßigter Steuersatz).
4. Die Tageseinnahmen für Getränke betragen 5 400,— DM.
5. Ein Gast bezahlt seine für Speisen und Getränke angefallenen Schulden in Höhe von 350,— DM durch Verrechnungsscheck.
6. Der Wirt des Hotels „Zum Schützen" begleicht eine Liefererschuld in Höhe von 4 000,— DM durch Postgiroüberweisung.
7. Ein Gastwirt überweist für Darlehenszinsen 580,— DM.
8. Die Telefonrechnung über 1 250,— DM wird vom Bankkonto abgebucht.
9. Der Pächter des Restaurants „Weinstüble" tilgt seine Resthypothek auf das Betriebsgebäude durch Banküberweisung über 8 000,— DM.

42 Buchen Sie in einem Geschäftsgang die folgenden Geschäftsvorfälle und machen Sie einen vollständigen Abschluß!

Anfangsbestände:

01	Grundstücke und Gebäude	145 000,— DM	186	Mehrwertsteuer	3 750,— DM
06	Einrichtung	88 500,— DM	202	Lebensmittel	7 000,— DM
061	Fuhrpark	24 500,— DM	203	Getränke	10 300,— DM
15	Kasse	6 450,— DM	24	Forderungen	4 890,— DM
156	Vorsteuer		30	Eigenkapital	
			41	Darlehen	80 000,— DM
16	Bank	34 600,— DM	43	Verbindlichkeiten	3 200,— DM

weitere Konten: 50 Umsatzerlöse, 54 Sonstige Zinserträge, 60 Warenkosten, 62 Personalkosten, 673 Post- und Telefonkosten, 674 Werbung, 679 Sonstige Verwaltungskosten, 72 Instandhaltung, 75 Zinsen für Fremdkapital

Geschäftsvorfälle:

1. Einnahmen aus Getränkeverkauf bar . . . . 3 390,— DM
2. Lieferer wandelt eine Verbindlichkeit in ein Darlehen um . . . . 1 500,— DM
3. Lebensmitteleinkauf auf Ziel zuzüglich MWSt (ermäßigter Steuersatz) 400,— DM
4. Telefonrechnung wird abgebucht . . . . 365,— DM
5. Die Bank schreibt Zinsen gut . . . . 125,— DM

6.	Kauf einer Kaffeemaschine gegen Scheck, zuzüglich MWSt	2800,— DM
7.	Bareinkauf von Sekt, zuzüglich MWSt	300,— DM
8.	Brauerei gibt ein Darlehen und liefert dafür Waren im Wert von netto	5600,— DM
9.	Speisenumsatz auf Ziel	2373,— DM
10.	Barabhebung vom Bankkonto	1000,— DM
11.	Lebensmittelverbrauch	2150,— DM
12.	Barauszahlung von Löhnen	4460,— DM
13.	Werbeinserate in der Presse, bar ohne MWSt	200,— DM
14.	Kauf von Büromaterial bar, zuzüglich MWSt	100,— DM
15.	Die Bank berechnet Darlehenszinsen	1350,— DM
16.	Handwerkerrechnung wird überwiesen, netto	1000,— DM

43 Ein Hotel hat zum Monatsbeginn folgende **Anfangsbestände:**

06 Einrichtung	65000,— DM	202 Waren Küche	6400,— DM
061 Fuhrpark	14000,— DM	203 Waren Keller	7900,— DM
15 Kasse	7600,— DM	30 Eigenkapital	? DM
156 Vorsteuer	–,— DM	41 Darlehen	34000,— DM
16 Bank	21000,— DM	43 Verbindlichkeiten	1900,— DM
186 Mehrwertsteuer	4700,— DM		

Buchen Sie die folgenden Geschäftsvorfälle auf den entsprechenden Konten und schließen Sie mit der Schlußbilanz ab!

Geschäftsvorfälle:

1.	Wareneinkauf auf Ziel (Getränke)	800,— DM	netto
2.	Kauf einer Kaffeemaschine gegen Scheck	2400,— DM	netto
3.	Speisenumsatz	13110,— DM	brutto
4.	Bargeldlose Lohnzahlung	5740,— DM	
5.	Abbuchung der Telefonrechnung	710,— DM	
6.	Warenverbrauch Küche	4230,— DM	
7.	Wir überweisen an Lieferer	1120,— DM	
8.	Wir überweisen Zahllast ans Finanzamt	2650,— DM	
9.	Reparaturrechnung für Küche bar	342,— DM	brutto
10.	Wir zahlen Pacht mit Scheck	4500,— DM	
11.	Getränkeumsatz	8094,— DM	brutto
12.	Getränkeumsatz auf Ziel	100,— DM	netto
13.	Rückgabe mangelhafter Ware (Getränke)	1200,— DM	netto
14.	Bank berechnet Zinsen	80,— DM	

Getränkeendbestand laut Inventur 5900,— DM

4.3.2 Forderungen und Verbindlichkeiten

4.3.2.1 Normaler Verlauf

Zielgeschäfte – also Geschäfte, bei denen ein Zahlungsziel vereinbart wurde – werden über die Konten „Forderungen" und „Verbindlichkeiten" verrechnet. Das Konto Forderungen ist ein aktives und das Konto Verbindlichkeiten ein passives Bestandskonto.

4.3.2.2 *Dubiose und uneinbringliche Forderungen (direkte Abschreibung)*

Es kommt in jedem Gewerbe vor, daß einmal ein Kunde, Gast oder Kreditnehmer in Zahlungsschwierigkeiten gerät. In derartigen Fällen werden die Forderungen des Gläubigers „zweifelhaft" und auf dem Konto 253 „Dubiose Forderungen" gebucht. Weitere Gründe, Forderungen unter 253 „Dubiose Forderungen" zu buchen, könnten z.B. berechtigte Beanstandungen von Gästen, ein über diese Forderungen laufender Prozeß mit ungeklärtem Ausgang oder eine eventuelle Verjährung der Forderung sein.

Infolge der Aufteilung der Forderungskonten, wie z.B.:

24 Forderungen aus Lieferungen und Leistungen
252 Forderungen aus Kredit
253 Dubiose Forderungen

hat der Betriebsinhaber einen besseren Überblick über Art und Kreditrisiko seines Forderungsbestandes.

Eine Forderung wird zweifelhaft:

Buchung: 253 Dubiose Forderungen an 24 Forderungen aus Lieferungen und Leistungen

Werden Forderungen (z.B. im Falle eines Konkurses) **uneinbringlich,** dann sind sie entsprechend den gesetzlichen Bestimmungen abzuschreiben. Dies ist der Fall, wenn dem Schuldner die Forderung erlassen wurde, ein Prozeß über die Forderung zuungunsten des Gastwirts ausging oder der Schuldner die Eidesstattliche Versicherung geleistet hat bzw. Konkurs- oder Zwangsvollstreckungsmaßnahmen erfolglos blieben.*

Buchung: 666 Abschreibung und Wertminderung des Umlaufvermögens an 253 Dubiose Forderungen

Die Umsatzsteuerberichtigung

Falls eine Forderung aus Warenlieferung und Leistung abgeschrieben wurde, ist auch der zuvor gebuchte Umsatzsteuerbetrag zu berücksichtigen.

Buchung: 666 Abschreibung auf Forderungen
+ 186 MWSt an 253 Dubiose Forderungen

Aufgabe:

44 Bilden Sie zu den folgenden Fällen die Buchungssätze und buchen Sie anschließend auf T-Konten!

1. Der Hotelgast Gunter Breitinger, Inhaber eines kleinen Unternehmens, läßt sich bei seiner Abreise die Rechnung über 1344,— DM nachsenden. Er will sie in den nächsten Tagen überweisen.
2. Nach zwei Monaten ist die Rechnung noch immer nicht bezahlt. Nachforschungen ergeben, daß Breitinger selten pünktlich bezahlt. Oft zahlt er überhaupt nicht. Der Hotelier reiht die Forderung unter die Dubiosen ein.

---

* Zu „Wesen und Aufgaben der Abschreibung" siehe Kapitel 7.2.1 „Bewertung des Anlagevermögens"

5 Marzluf/Gehring – ISBN 3-8120-0279-5

3. Eine beauftragte Auskunftei meldet, daß Breitinger einen Vergleich angemeldet hat, und daß 50% der Forderung wohl abgeschrieben werden müßten. Der Hotelier schreibt diese 50% direkt ab. Beachten Sie, daß in den 1344,— DM Mehrwertsteuer enthalten ist!
4. Einige Monate später meldet Breitinger Konkurs an, der mangels Masse eingestellt wird. Nun muß auch der Rest abgeschrieben werden.

4.3.3 Liefererskonti (einschließlich Umsatzsteuerberichtigung)

Lieferer im Hotel- und Gaststättengewerbe haben oft Zahlungsbedingungen, wie z.B. „3% Skonto bei Zahlung innerhalb von 14 Tagen, 30 Tage netto Kasse". Skonto ist ein Abzug, der für Zahlung innerhalb einer festgelegten Frist gewährt wird. Er stellt für den Empfänger der Rechnung einen Ertrag dar. Dieser wird unter 51 „Skontoerträge" gebucht.

Beispiel:

Unter Kapitel 4.3.1.2, Beispiel 1, kaufte der Wirt des Gasthauses „Zum Pflug" Lebensmittel für 2140,— DM. Nehmen wir an, er hätte 2% Skonto in Anspruch genommen. In diesem Fall würde die Buchung wie folgt lauten:

	602 Lebensmittel	2000,— DM	an	15 Kasse	2097,20 DM
+	156 Vorsteuer	140,— DM	+	51 Skontoerträge	42,80 DM

Es ist nicht erlaubt, Skontobeträge bereits bei der Buchung des Warenwerts abzusetzen. Andernfalls wäre kein zuverlässiger Betriebsvergleich mehr möglich, da durch Skontoabzüge das statistische Zahlenmaterial und die Grundlage der Kalkulation verfälscht würde.

Anders ist die Situation hinsichtlich der Umsatzsteuer. Hier sind entsprechende Minderungen vorzunehmen. Das Konto 51 „Skontoerträge" ist anteilsmäßig zu entlasten.

Im obigen Beispiel muß also folgende **Umsatzsteuerberichtigung** erfolgen:

Buchung: 51 Skontoerträge an 156 Vorsteuer 2,80 DM
(2% von der Vorsteuer in Höhe von 140,— DM).

Rabatte werden nicht gebucht. Die Rechnungen des Lieferers werden um die Rabatte gekürzt. Anschließend werden nur die Nettobeträge gebucht.

4.3.4 Besitzwechsel und Schuldwechsel

4.3.4.1 Normaler Verlauf

Ähnlich wie in anderen Wirtschaftszweigen werden im Gaststättengewerbe Waren eingekauft, deren Gegenwert erst später eingeht. Dies kann dazu führen, daß bei einem größeren Kauf Kredit in Anspruch genommen werden muß. In dieser Situation bittet der Gläubiger den Gastwirt Otto Wildfang, ihm einen Wechsel zu unterschreiben. Dieser stellt für den Gastwirt eine Schuld dar. Es handelt sich um einen **Schuldwechsel** (Kontonummer 44). Benötigt andererseits der Gast einen Kredit und unterschreibt – was allerdings selten vorkommt – zu diesem Zweck einen Wechsel, dann handelt es sich für Otto Wildfang um einen **Besitzwechsel** (Kontonummer 13).

Die wichtigsten – im Zusammenhang mit Wechseln vorkommenden – Buchungsfälle seien an Beispielen gezeigt:

Beispiel 1:
Der Weinhändler Strunz zieht auf den Gastwirt Wildfang einen Wechsel. Zunächst hatte Herr Wildfang den Wareneingang gebucht:

20 Warenvorräte + 156 Vorsteuer an 43 Verbindlichkeiten aus Lieferungen und Leistungen.

Jetzt werden die Verbindlichkeiten in eine Wechselschuld umgewandelt.

Buchung: 43 Verbindlichkeiten an 44 Schuldwechsel

Beispiel 2:
Ein Kunde von Herrn Wildfang, Herr Hoffmann, unterschreibt einen Wechsel über 400,— DM. Zunächst hatte Herr Wildfang seine Forderungen gebucht:

24 Forderungen aus Lieferungen und Leistungen an 50 Umsatzerlöse + 186 MWSt.

Diese Forderung wird in eine Wechselforderung umgewandelt.

Buchung: 13 Besitzwechsel an 24 Forderungen aus Lieferungen und Leistungen 400,— DM

Beispiel 3:

a) Herr Wildfang gibt den Besitzwechsel am Verfalltag seiner Bank zum Einzug. Diese berechnet eine Inkassoprovision von 3,— DM.

Buchung:

16 Bank- u. Postgiroguthaben	397,— DM	an	13 Besitzwechsel	400,— DM
+ 679 sonstige Verwaltungskosten	3,— DM			

b) Herr Wildfang verkauft den Besitzwechsel vor Fälligkeit seiner Bank. Er läßt ihn also **diskontieren.** Auch jetzt erhält er nicht den vollen Wechselbetrag auf seinem Konto gutgeschrieben, denn die Bank gewährt ihm gewissermaßen Kredit bis zum Verfalltag des Wechsels. Die Vergütung hierfür heißt **Diskont.**

Abrechnung der Bank:		
	Wechselsumme	400,— DM
–	Diskont	12,— DM
	Barwert	388,— DM

Buchung:

16 Bank- u. Postgiroguthaben	388,— DM	an	13 Besitzwechsel	400,— DM
+ 75 Zinsen für Fremdkapital	12,— DM			

Umsatzsteuerberichtigung: Nach § 17 des USt-Gesetzes mindert der Diskont die USt-Schuld. (Eine Kürzung ist jedoch nur erlaubt, wenn dem Kunden die Höhe der Minderung mitgeteilt wird, damit er eine Vorsteuerberichtigung vornehmen kann.)

Errechnen der Umsatzsteuerberichtigung: $12{,}\text{— DM} \cdot \frac{14}{114} = \underline{\underline{1{,}47 \text{ DM}}}$

Buchung: 186 MWSt an 75 Zinsen für Fremdkapital 1,47 DM

c) Der Gastwirt Otto Wildfang indossiert den Besitzwechsel und gibt ihn an Zahlungs Statt einem Lieferer. Zunächst hatte Herr Wildfang den Wareneingang gebucht:

20 Warenvorräte + 156 Vorsteuer an 43 Verbindlichkeiten.

Buchung: 43 Verbindlichkeiten an 13 Besitzwechsel 400,— DM

Die Buchung der Wechselsteuer

Der Aussteller eines Wechsels nimmt also für die Laufzeit des Wechsels das alleinige Recht des Staates, Geld in Umlauf zu setzen, gewissermaßen für sich in Anspruch. Als Gegenleistung hierfür verlangt der Staat, daß jeder Wechsel, bevor er in Umlauf gesetzt wird, versteuert werden muß. Die Wechselsteuer beträgt 0,15 DM je angefangene 100,— DM. Die Versteuerung des Wechsels kann durch einen besonderen Freistempler oder durch Wechselsteuermarken erfolgen. Die Marken sind bei den Postämtern erhältlich und müssen durch Eintragung des Datums der Versteuerung entwertet werden.

Falls Herr Wildfang Wechselsteuermarken im Gegenwert von 20,— DM kauft, lautet der Buchungssatz:

799 sonstige Aufwendungen an 15 Kasse 20,— DM

Aufgaben:

45 Welcher Geschäftsfall liegt den folgenden Buchungen zugrunde?

a)	202 und 156 an 44		d)	13	an 24
b)	16	an 13	e)	672 und 156 an 15	
c)	43	an 44	f)	43	an 13

46

1. Wir erhalten einen Wechsel über 1250,— DM zum Ausgleich einer bestehenden Forderung.
2. Wir lösen diesen Wechsel am Verfalltag ein, indem wir die Bank damit beauftragen.
3. Wir ziehen einen Wechsel auf einen Kunden in Höhe von 3000,— DM.
4. Wir verkaufen einen Wechsel über 8000,— DM, der noch 60 Tage läuft, unter Abzug von 8 % Diskont an die Bank.
5. Wir belasten das Konto dieses Kunden mit dem von uns bezahlten Diskont.
6. Wir kaufen für 2700,— DM Waren gegen Wechsel.
7. Der Lieferer verkauft diesen Wechsel an eine Bank und belastet uns mit dem Diskont in Höhe von 17,50 DM.
8. Der Lieferer präsentiert uns am Verfalltag einen anderen Wechsel über 2210,— DM, den wir bar einlösen.

Bilden Sie die Buchungssätze und buchen Sie auf T-Konten!

47 Zu den folgenden Geschäftsfällen sind die Buchungssätze zu bilden:

1. Die X-Bank löst unseren Schuldwechsel in Höhe von 5000,— DM ein.
2. Der Inhaber des Cafés „Wien" begleicht eine Liefererschuld durch Weitergabe eines Wechsels über 3500,— DM.
3. Der Wirt des Hotels garni „Post" zahlt für Reparatur des Geschäftswagens 1300,— DM + MWSt mit einem Verrechnungsscheck.
4. Der Chef de Cuisine entnimmt Lebensmittel im Wert von 850,— DM aus dem Magazin.
5. Abgabe von Lebensmitteln aus dem Magazin an die Küche 1800,— DM.
6. Der Buchhalter des Apparthotels „Zur goldenen Stadt" erhält für eine bestehende Forderung von 3500,— DM einen Wechsel.
7. Privatentnahme durch den Betriebsinhaber in bar 800,— DM.
8. Ein Reisebüro erhält von uns die Rechnung (Beherbergung der Reisebürokunden) von 8500,— DM sowie 11 % Bedienungsgeld und MWSt.
9. Der Wirt des Hotels „Zum Schützen" verkauft einen gebrauchten Geschäftswagen; der Käufer zahlt 4000,— DM bar und begleicht 4000,— DM durch Wechselakzept.

4.3.4.2 Protest und Regreß

Angenommen, der Kunde des Gastwirts, Herr Hoffmann (Bezogener), löst seinen Wechsel am Verfalltag nicht ein. In diesem Fall geht der Wechsel zu *Protest* und der Wechselinhaber (ein Lieferer von Herrn Wildfang) nimmt **Regreß** auf seinen Vormann, den Gastwirt Wildfang. Dieser erhält folgende Rückrechnung:

Rückrechnung	DM
Wechselsumme	400,—
+ Zinsen	0,80
+ Protestkosten	8,—
+ $^{1}/_{4}$ % Provision	1,—
+ Spesen	3,—
insgesamt	412,80*

Bei der folgenden Buchung werden vom Gastwirt Otto Wildfang Protestkosten, Provision und Spesen zusammengefaßt. Die Zinsen bucht er getrennt.

Buchung:

25	sonstige Forderungen	400,— DM	an 43 Verbindlichkeiten 412,80 DM
+ 75	Zinsen	0,80 DM	
+ 66/67	sonstige Betriebs- und Verwaltungskosten	12,— DM	

Merke:
Der Wechsel dient der kurzfristigen Fremdfinanzierung. Schuldwechsel stellen Passivposten, Besitzwechsel Aktivposten in der Bilanz dar.

Aufgabe:

48 Buchen Sie folgende **Rückrechnung:**

Wechselsumme	2000,— DM
6 % Zinsen/8 Tage	2,70 DM
Protestkosten	15,— DM
$^{1}/_{4}$ % Provision	5,— DM
Porto, Spesen	3,— DM
insgesamt	2025,70 DM

Fragen zur Übung und Wiederholung

1. Wann ist eine Forderung als „zweifelhafte oder dubiose Forderung" auszuweisen?
2. Zu welchem Zeitpunkt ist bei zweifelhaften Forderungen die Mehrwertsteuerkürzung zu buchen?
3. Wie werden die Konten Kundenskonto und Liefererskonto abgeschlossen?
4. Kundenskonto und Liefererskonto lösen eine Korrektur der Umsatzsteuer aus. Auf welche beiden Arten kann diese durchgeführt werden?
5. Wie lautet der Buchungssatz, wenn ein Besitzwechsel der Bank zum Inkasso gegeben und von dieser am Verfalltag eingezogen wird?

4.4 Die Kosten im Hotel- und Gaststättenbetrieb

4.4.1 Waren-, Warenbezugskosten und Rücksendungen

Die **Warenkosten** werden in der Kontenklasse 6 gebucht. Um eine genaue Kalkulation und Statistik zu ermöglichen, wurden im Kontenplan für das Hotel- und Gaststättengewerbe verschiedene **Warengruppen** gebildet. **Warenbezugs-**

* Die Rückgriffskosten (in unserem Falle Zinsen, Protestkosten, Provision und Spesen = 12,80 DM) sind umsatzsteuerpflichtig. In diesem Beispiel wurde von der Errechnung und Buchung dieses Rückrechnungspostens abgesehen.

kosten werden hierbei den entsprechenden Einkaufspreisen zugerechnet. In größeren Betrieben wird manchmal hierfür ein Unterkonto zu dem entsprechenden Warenkonto gebildet.

Es kommt vor, daß der Pächter eines Hotel- und Gaststättenbetriebes aufgrund einer mangelhaften Lieferung Waren an seinen Lieferer zurücksenden muß. In diesem Fall wird die beim Einkauf vorgenommene Buchung zurückgebucht.

Beispiel:*

Der Kellermeister des Gasthauses „Zum Pferdestall" kauft 200 Flaschen Spätlese für 2220,— DM.

Buchung: 203 Getränke 2000,— DM + 6031 Bezugskosten 220,— DM an 43 Verbindlichkeiten aus Lieferungen und Leistungen 2220,— DM

Es stellt sich heraus, daß der Wein versehentlich falsch etikettiert war. Es handelt sich nur um billigen Qualitätswein. Der Kellermeister schickte ihn unverzüglich zurück.

Buchung der Rücksendung

43 Verbindlichkeiten aus Lieferungen und Leistungen 2220,— DM an 203 Getränke 2000,— DM + 6031 Bezugskosten 220,— DM

Vorsteuerberichtigung

Bei Rücksendungen bzw. Gutschriften haben der Lieferer die MWSt und der Gastwirt die Vorsteuer zu berichtigen.

4.4.2 Löhne, Gehälter und Vorschüsse, vermögenswirksame Leistungen

4.4.2.1 Löhne und Gehälter

Löhne und Gehälter sind Personalkosten. Sie werden auf Kontonummer 62 gebucht. Der Arbeitgeber ist verpflichtet, bestimmte **Abzüge** (Lohnsteuer, Kirchensteuer, Krankenversicherung, Rentenversicherung und Arbeitslosenversicherung) einzubehalten. Deshalb werden nicht Bruttolöhne bzw. Bruttogehälter, sondern nur Nettolöhne bzw. Nettogehälter ausgezahlt. Die einbehaltenen Abzüge sind vom Gastwirt an bestimmte Stellen (Finanzamt, Krankenversicherung, Sozialversicherungsträger) abzuführen.

Diese „noch abzuführenden Abgaben" werden unter 475 „sonstige Verbindlichkeiten" gebucht. Der Nettobetrag wird dann ausgezahlt oder auf ein Konto des Arbeitnehmers überwiesen.

Buchung: 621 Löhne und Gehälter an 475 Sonstige Verbindlichkeiten, 15 Kasse

Die vom Gastwirt einbehaltenen Beträge werden in der Regel zum 10. des folgenden Monats an das Finanzamt, die Krankenkasse usw. abgeführt.

Buchung: 475 Sonstige Verbindlichkeiten an 16 Bank

Aufgabe:

49 a) Errechnen Sie den Nettolohn sowie die Summe aller Abzüge und buchen Sie!

	1	2
Bruttolohn:	1700,— DM	2000,— DM
Lohnsteuer:	350,— DM	600,— DM
Kirchensteuer:	28,— DM	48,— DM
Sozialversicherungsanteil des Arbeitnehmers:	150,— DM	200,— DM

* In diesem Beispiel wurde von der Berechnung und Buchung der Vorsteuer abgesehen.

b) Wie lautet der Buchungssatz, wenn Steuer und Sozialversicherungsbeiträge abgeführt werden?

c) Wie lautet der Buchungssatz bei der folgenden Nettobuchung?
Lohnzahlung bar: 1 200,— DM
Abführen der Abzüge durch Banküberweisung: 250,— DM

4.4.2.2 *Lohn- und Gehaltsvorschüsse*

Zahlt der Gastwirt an einen seiner Angestellten einen Vorschuß, so hat er eine Forderung. Diese ist unter 254 „Sonstige Forderungen" zu buchen.

Buchung: 254 Sonstige Forderungen an 15 Kasse

Da der Angestellte vertragsgemäß gearbeitet hat, wird bei der nächsten Gehaltsabrechnung der Vorschuß verrechnet.

Buchung: 621 Löhne und Gehälter	an	475 Sonstige Verbindlichkeiten
		254 Sonstige Forderungen
		15 Kasse

Der an den Angestellten auszubezahlende Betrag (15 Kasse) ist um den Vorschuß (254 Sonstige Forderungen) gekürzt.

Aufgabe:

50 1. Errechnen Sie unter Verwendung des kurzfristigen – nicht gebuchten – Lohnvorschusses die Lohnauszahlung und buchen Sie:

Vorgang	Betrag	Betrag
Lohnvorschuß	300,— DM	500,— DM
Bruttolohn	1 600,— DM	2 000,— DM
Abzüge	400,— DM	500,— DM

2. Der Hotelkaufmann R. Obert hat geheiratet und für seine Wohnungseinrichtung von seinem Arbeitgeber, dem Gastwirt H. Müller einen langfristigen Vorschuß in Höhe von 3 000,— DM bar erhalten. Es wurde vereinbart, daß monatlich 300,— DM einbehalten werden.
   a) Wie lautet der Buchungssatz bei der Auszahlung des Vorschusses?
   b) Wie ist am Monatsende bei der Gehaltsauszahlung zu buchen, wenn der Bruttolohn von Herrn Obert 2 400,— DM und seine Abzüge 600,— DM betragen?

4.4.2.3 *Abrechnung und Buchung des Leistungslohnes*

Im Hotel- und Gaststättengewerbe sind verschiedene Formen der Entlohnung gebräuchlich. Vom nach Gehaltsgruppen gestaffelten Tarifvertrag bei Hotelangestellten bis zum frei vereinbarten übertariflichen Vertrag mit Vereinbarungen über Kost und Wohnung reicht die Vielfalt der Entlohnungsgrundlagen in diesem vielseitigen Gewerbe. Das Bedienungspersonal ist oft am Umsatz beteiligt und erhält in diesem Fall **Leistungslohn**.

Da dem Gast im Hotel- und Gaststättengewerbe Inklusivpreise berechnet werden, wird z. B. der Lohn des Kellners Alfred wie folgt ermittelt:

Beispiel:

a) Ermittlung des Bruttoumsatzes nach Warengruppen (Inklusivpreise)

Summe der Warengruppe im Bereich Küche:	24 512,— DM
Summe der Warengruppe im Bereich Konditorei:	2 799,— DM
Summe der Warengruppe im Bereich Getränke:	7 488,— DM
Gesamtumsatz einschließlich 11 % Bedienungsgeld und MWSt:	34 799,— DM

b) Ermittlung des Nettoumsatzes:

1. Dreisatz 114 % (Nettoumsatz + Bedienung + MWSt)	= 34 799,— DM
100 % (Nettoumsatz + Bedienungsgeld)	= 30 525,44 DM
2. Dreisatz 111 % (Nettoumsatz + Bedienungsgeld)	= 30 525,44 DM
100 % (Nettoumsatz)	= 27 500,40 DM

Der Leistungslohn beläuft sich entsprechend unserem Beispiel – 11 % des Nettoumsatzes von 27 500,40 DM – auf 3 025,04 DM.

Buchung: 621 Löhne und Gehälter an { 16 Bank
+ 475 Sonstige Verbindlichkeiten

Bei dem gezeigten Beispiel handelte es sich um einen **Einzelleistungslohn,** weil die Berechnungsgrundlage nur der Umsatz des Kellners Alfred war. Gebräuchlich ist auch der **Gruppenleistungslohn** (Troncsystem).

Während bei der Entlohnung auf Prozentbasis jeder Beschäftigte einen bestimmten Prozentsatz von seinem Umsatz erhält, fließt beim Troncsystem das gesamte eingenommene Bedienungsgeld in eine gemeinsame Kasse, die man den Tronc nennt. Dieses Geld wird am Monatsende an die am Tronc beteiligten Personen anteilmäßig ausgezahlt. Dadurch wird eine gerechtere Verteilung des Bedienungsgeldes erreicht, denn der Umsatz eines Kellners hängt oft von Faktoren ab, die er nicht beeinflussen kann (z. B. schwankende Gästezahlen, ungünstigeres Revier u. a.).

Aus dem Tronc werden am Monatsende zunächst die Garantielöhne entnommen. Der vorhandene Überschuß (Übertronc) wird im Verhältnis der Garantielöhne verteilt.

Die Lohnabrechnung erfolgt hier zwar anders, doch ändert sich am Buchungssatz deshalb nichts.

4.4.2.4 Warenentnahme, Verpflegung und Wohnung des Personals

Die für die Beköstigung des Personals dem eigenen Lager entnommenen Waren stellen steuerlich einen „Verzehr an Ort und Stelle" dar. Diese Warenentnahmen sind daher mit dem vollen Mehrwertsteuersatz zu verrechnen. Stellt der Gastwirt seinem Personal auch Wohnraum zur Verfügung, dann ist dieser Wohnraum dagegen umsatzsteuerfrei. Dies ist darauf zurückzuführen, daß die Personalräume in der Regel zur Verwendung im Beherbergungsbereich nicht vorgesehen sind.

Beispiel:

Die Kellnerin Anita erhält Gruppenleistungslohn nach dem Troncsystem. Dieser wird auf ihr Konto bei der Sparkasse überwiesen.

Die Unterkunft wird vertragsgemäß mit monatlich 200,— DM berücksichtigt, während die Kost als freiwillige zusätzliche Leistung des Gastwirts hinzukommt.

Buchung:

(1) 621 Löhne und Gehälter	2100,— DM	an	16 Bank		1530,— DM
			475 Sonstige Verbindlichkeiten		370,— DM
			587 Sonstige Erträge		200,— DM
(2) 623 Freiwillige soziale Aufwendungen (Kost)	300,— DM	an	50 Umsatzerlöse		300,— DM

Aufgabe:

51 1. Ermitteln Sie aufgrund der folgenden Angaben den Nettoumsatz des Kellners Michael und errechnen Sie seinen Leistungslohn!

Summe Bereich Küche:	28500,— DM
Summe Bereich Konditorei:	1000,— DM
Summe Bereich Getränke:	6500,— DM

2. Wie lautet der Buchungssatz bei der Lohnauszahlung, wenn diese durch Banküberweisung erfolgt und der Kellner Michael Abzüge in Höhe von 800,— DM hat?
3. Wie wäre zu buchen, wenn bei der Auszahlung für die Tilgung eines Gehaltsvorschusses monatlich 200,— DM zu berücksichtigen wären?

4.4.2.5 Vermögenswirksame Leistungen und Arbeitgeberanteil zur Sozialversicherung

Der Staat fördert Leistungen des Arbeitgebers, die der **Vermögensbildung bei Arbeitnehmern** dienen, durch steuerliche Vergünstigungen. Aufwendungen zur Förderung des Wohnungsbaus, Sparbeiträge oder Aufwendungen zum Erwerb eigener Aktien des Arbeitgebers können vermögenswirksame Leistungen sein.

Beispiel:

Der Wirt des Hotels „Kaiserstuhl", Franz Hofmaier, vereinbart im Arbeitsvertrag mit seinen Angestellten eine monatliche vermögenswirksame Leistung von 52,— DM. Diese Beträge stellen für ihn Kosten, für seine Angestellten eine Erhöhung ihres steuerpflichtigen Bruttogehaltes dar. Da es sich um **vermögenswirksame Leistungen** handelt, lautet der Buchungssatz:

623 Freiwillige soziale Aufwendungen an 16 Bank- und Postgiroguthaben

Angenommen ein Angestellter des Herrn Hofmaier, der auch die Vorteile des **Vermögensbildungsgesetzes** in Anspruch nehmen möchte, bittet diesen, 52,— DM seines Nettogehaltes monatlich auf seinen Sparvertrag zu überweisen. Der Gastwirt erklärt sich bereit, dem Angestellten 52,— DM weniger auf das Gehaltskonto und dafür diesen Betrag auf das Konto des besagten Sparvertrages buchen zu lassen.

Buchung:

621 Löhne und Gehälter	2500,— DM	an	475 Sonstige Verbindlichkeiten	450,— DM
			+ 16 Bank- u. Postgiroguthaben	1998,— DM
			+ 16 Bank- u. Postgiroguthaben	52,— DM

Im vorgenannten Fall ändert sich also buchhalterisch nichts. Die Überweisung erfolgt lediglich auf zwei getrennten Datenträgern.

Der Arbeitgeberanteil an der Sozialversicherung

Der Gastwirt behält nur den Anteil des Arbeitnehmers zur Sozialversicherung ein, um ihn später weiterzuleiten. Er trägt die andere Hälfte des Beitrags zur Sozialversicherung des Arbeitnehmers, den **Arbeitgeberanteil.**

Buchung:

622 gesetzliche soziale Aufwendungen an 475 Sonstige Verbindlichkeiten

Der Arbeitgeberanteil zur Sozialversicherung wird mit dem Arbeitnehmeranteil am 10. des folgenden Monats abgeführt.

> **Merke:**
> Werden von den Löhnen und Gehältern (Bruttoentgelt) Lohnsteuer, Kirchensteuer und Sozialabgaben abgezogen, so entsteht das Nettoentgelt.

Aufgaben:

52 1. Wie ist aufgrund der folgenden Lohnliste am Monatsende zu buchen?

Hinweis: Addieren Sie die Summen, errechnen Sie den Nettolohn und bilden Sie **einen** zusammengesetzten Buchungssatz!

Die Auszahlung erfolgt durch Banküberweisung.

Lohnliste Monat Februar

Name:	Echle, Alfred	Jehle, Luise	Beck, Ursula	Wussler, Leo	*Summe*
Bruttolohn:	2400,—	1800,—	2200,—	2800,—	
Abzüge					
Lohnsteuer	500,—	350,—	450,—	400,—	
Kirchensteuer	40,—	28,—	36,—	32,—	
Sozialversicherung	300,—	240,—	280,—	350,—	
Vorschüsse	—	—	200,—	—	
Verpflegung	—	300,—	300,—	—	
Logis	—	150,—	150,—	—	
vermögenswirksame Leistungen	52,—	—	—	52,—	
Nettolohn:					

2. Wie ist der Arbeitgeberanteil zur Sozialversicherung (1170,— DM) zu buchen?
3. Die Beiträge zur Berufsgenossenschaft, die die gesetzliche Unfallversicherung für die Arbeitnehmer übernimmt, werden vom Arbeitgeber allein getragen. Die Buchung erfolgt über das Konto 622 „Gesetzliche und tarifliche soziale Aufwendungen". Die Zahlung erfolgt durch Banküberweisung. Wie lautet die Buchung?
4. Der Arbeitgeber zahlt als freiwillige soziale Leistung zusätzlich ein außertarifliches Weihnachtsgeld in Höhe von 200,— DM bar (Kontonummer 623 „Freiwillige soziale Aufwendungen" z. B. Weihnachtsgeld, Kost, Fahrgeld).
5. Das tariflich festgelegte Weihnachtsgeld in Höhe von 350,— DM wird überwiesen (Kontonummer 623 „Freiwillige soziale Aufwendungen").

53 Zu den folgenden Geschäftsfällen sind die Buchungssätze zu bilden:

1. Ein Gastwirt zahlt eine Provision in Höhe von 500,— DM + MWSt bar.
2. Der Pächter des Restaurants „Weinstüble" überweist die Zahllast in Höhe von 3800,— DM an das Finanzamt.
3. Unser Stammgast G. Eckert erhält eine Rechnung für Getränke in Höhe von netto 380,— DM zuzüglich 15 % Bedienungsgeld und USt.
4. Der Inhaber des Cafés „Wien" überweist für die Umsatzsteuerschuld 2500,— DM ans Finanzamt.

5. Bareinkauf von Büromaterial 480,— DM + MWSt.
6. Tagesumsatz Getränke 4820,— DM einschließlich 11% Bedienungsgeld und MWSt.
7. Der Buchhalter des Apparthotels „Zur goldenen Stadt" kauft 450 Flaschen Wein auf Ziel. Der Preis beläuft sich auf 1850,— DM + MWSt.

   Fracht und Rollgeld hierfür in Höhe von 120,— DM + MWSt werden bar bezahlt.
8. Der Wirt des Hotels „Zum Schützen" zahlt einen Vorschuß in Höhe von 800,— DM an seinen Angestellten, Herrn Scheurer.
9. Ein Gastwirt überweist für Gehälter brutto 6500,— DM; die einbehaltenen Abzüge belaufen sich auf 2200,— DM.
10. Buchung des Arbeitgeberanteils zur Sozialversicherung über 850,— DM.

Fragen zur Übung und Wiederholung

1. Auf der Lohn- und Gehaltsliste sind Beträge, die vom Bruttolohn einbehalten werden, ausgewiesen. Um welche Beträge handelt es sich?
2. An welche Einrichtungen hat der Arbeitgeber die vom Bruttolohn einbehaltenen Beträge weiterzuleiten?
3. In welchem Verhältnis wird der Sozialversicherungsbeitrag von Arbeitgeber und Arbeitnehmer getragen?
4. Welche vermögenswirksamen Leistungen kennen Sie?
5. Ein Gastwirt stellt seinem Personal Wohnraum und Kost zur Verfügung. Wie sind diese Leistungen umsatzsteuermäßig zu behandeln?
6. Erläutern Sie den Unterschied zwischen Einzelleistungslohn und Gruppenleistungslohn (Troncsystem)!

4.4.3 Steuern

4.4.3.1 Allgemeines

a) Wesen und Buchung der **Umsatzsteuer** wurden bereits im Kapitel 4.3 Zahlungsverkehr behandelt.

b) Lohn- und Kirchensteuer des Hotel- und Gaststättenpersonals verwaltet der Betrieb gewissermaßen im Auftrag des Finanzamts. Diese Steuern werden zunächst auf Konto 475 „Sonstige Verbindlichkeiten" gebucht und später an das Finanzamt überwiesen. Sie stellen also nur **durchlaufende Posten** dar.

c) Steuern, die dem **privaten Bereich** des Gastwirts zuzurechnen sind (z.B. Einkommensteuer, Kirchensteuer und Vermögensteuer), sind über Konto 195 „Privat" abzuwickeln. Bei Kapitalgesellschaften werden die Körperschaftsteuer auf das Konto 79 und die Vermögensteuer auf das Konto 795 gebucht.

d) Die **Schaumweinsteuer** (Schaumweinsteuergesetz vom 26.10.1958) ist eine Verbrauchsteuer auf Genußmittel wie auch die Tabaksteuer, die Kaffeesteuer usw. Steuerschuldner ist der Hersteller. Der Wirt kassiert die Steuer vom Gast und **leitet sie mit Zahlung seiner Verbindlichkeiten an den Lieferer weiter.** Es ist möglich, die Schaumweinsteuer als Unterkonto des Kontos 6033 „Wein, Sekt" zu führen. Die Verwaltung der Schaumweinsteuer und anderer Verbrauchsteuern (Biersteuer, Zuckersteuer, Branntweinsteuer, Mineralölsteuer, Spielkartensteuer usw.) obliegt den Zollbehörden.

e) Die **Getränkesteuer** und die **Vergnügungsteuer** sind dagegen **Gemeindesteuern.**

4.4.3.2 Vergnügungsteuer, Getränkesteuer

Der Gast zahlt die **Vergnügungsteuer** in der Regel mit dem Eintrittspreis oder als Zuschlag zum Verzehr. Der Gastwirt ist verpflichtet, die Veranstaltung anzumelden und die Steuer, die von der Gemeinde nach unterschiedlichen Verfahren erhoben wird, abzuführen. Bei der Errechnung der Vergnügungsteuer muß die Umsatzsteuer mit einbezogen werden, falls die Steuer nicht nach der Anzahl der ausgegebenen Eintrittskarten berechnet wird. Der Vergnügungsteuereingang wird nicht in Kontenklasse 5 (Erträge) gebucht.

Die Vergnügungsteuer wird an die **Gemeindeverwaltung** abgeführt.

Buchung:

652 Getränke- und Vergnügungsteuer	an	16	Bank- und Postgiroguthaben (oder 15 Kasse)

Gemeinden sind berechtigt, eine **Getränkesteuer** in Höhe von mindestens 5% vom Einzelhandelspreis zu erheben. Der Gemeindegetränkesteuer unterliegen alle Getränke außer Fruchtsäfte, Milch und Bier. **Das Bedienungsgeld gehört nicht zur Bemessungsgrundlage.** Um die Höhe der Getränkesteuer leichter ermitteln zu können, empfiehlt sich eine getrennte Abrechnung der steuerpflichtigen Getränke.

Buchung bei der Einnahme:

15 Kasse	an	503 Getränkeumsatz + 652 Getränke- u. Vergnügungsteuer

Buchung bei der Zahlung:

652 Getränke- u. Vergnügungsteuer	an	16	Bank- und Postgiroguthaben (oder 15 Kasse)

4.4.3.3 Grundsteuer, Grunderwerbsteuer und Gewerbesteuer

Der **Grundsteuer** unterliegen der unbebaute und bebaute Grundbesitz. Neben dem Eigentümer des Grundbesitzes haftet auch der Pächter für die Entrichtung der Grundsteuer. Die **Gemeinde** berechnet anhand des Einheitswertes und der Steuermeßzahl die Höhe der Grundsteuer.

Berechnung und Buchung der Grundsteuer

Beispiel:

Berechnung: *Aufgabe*

Einheitswert des Betriebsgrundstücks:	30000,— DM
Steuermeßzahl:	10‰
Hebesatz der Gemeinde A:	125%

Lösung

10‰ von	30000,— DM	=	300,— DM
125% von	300,— DM	=	375,— DM

Buchung:

654 Sonstige Steuern	375,— DM	an	16 Bank- u. Postgiroguthaben	375,— DM

Grundsteuern, die auf solche Grundstücke entfallen, die nicht dem Betriebszweck dienen, sind über Konto 799 „Sonstige Aufwendungen" zu buchen.

Beim Grundstückskauf werden beide Vertragspartner, also Käufer und Verkäufer, Steuerschuldner für die **Grunderwerbsteuer.** Bemessungsgrundlage ist der Kaufpreis. Die Steuer beträgt 7% und ist innerhalb eines Monats nach Zustellung des Steuerbescheids fällig. Die Grunderwerbsteuer ist – im Gegensatz zur Grundsteuer stets zu aktivieren.

Der **Gewerbesteuer** unterliegen alle Gewerbebetriebe, also auch die Betriebe des Hotel- und Gaststättengewerbes. Der jeweilige Betriebsinhaber ist Steuerschuldner. Sie fließt den Gemeinden zu und wird von diesen je nach Finanzbedarf festgelegt.

Berechnung und Buchung der Gewerbesteuer

Beispiel:

Das Hotel „Linde" wird vom Finanzamt aufgrund seiner Gewerbesteuererklärung geschätzt. Hierbei wird der Steuermeßbetrag z. B. auf 1000,— DM festgelegt.

Berechnung: *Aufgabe*

Steuermeßbetrag 1000,— DM (vom Finanzamt festgelegt)
Hebesatz 200% (von der Gemeinde festgelegt)

Lösung

200% von 1000,— DM = 2000,— DM

Buchung:

653 Gewerbesteuer 2000,— DM an 16 Bank- u. Postgiroguthaben 2000,— DM

Merke:

1. Folgende Steuern sind dem privaten Bereich zuzurechnen: Einkommensteuer, Kirchensteuer, Vermögensteuer.
2. Die Umsatzsteuer stellt für die Buchhaltung nur einen durchlaufenden Posten dar.
3. Getränkesteuer, Vergnügungsteuer, Grund-, Grunderwerb- und Gewerbesteuer sind Gemeindesteuern.

Aufgaben:

54 Buchen Sie die folgenden Geschäftsfälle!

1. Banküberweisung an das Finanzamt:
   a) einbehaltene Lohnsteuer . . . 2400,— DM
   b) Kfz-Steuer für den Geschäftswagen . . . 380,— DM
   c) Gewerbesteuer . . . 1200,— DM
   d) Vermögensteuer . . . 250,— DM
2. Die Zahllast in Höhe von 2240,— DM wird durch Postscheck überwiesen.
3. Der Buchhalter bucht Lastschriften der Bank:
   a) Einkommen- und Kirchensteuer des Hotelbesitzers . . . 1080,— DM
   b) Vergnügungsteuer . . . 82,— DM
   c) Tanzgenehmigung (Konto Nr. 655) . . . 20,— DM
4. Gebühren für den Überwachungsverein für Kesselanlagen (Konto Nr. 655) in Höhe von 185,— DM werden bar bezahlt.

55 Errechnen und buchen Sie die Gewerbesteuerüberweisung!

Steuermeßbetrag 800,— DM Hebesatz 150%

56 Hotelier Brause, Inhaber des Kurhotels Villingen, zahlt im Laufe eines Monats verschiedene Steuern. Bilden Sie die Buchungssätze und geben Sie jeweils die Kontonummer an. Buchen Sie anschließend die Zahlen auf den entsprechenden T-Konten!

1.	Herr Brause zahlt durch Überweisung die Grundsteuer für seinen Hotelbetrieb	560,— DM
2.	Die Vergnügungsteuer führt er bargeldlos an die Gemeindekasse ab	324,— DM
3.	Für den Dackel seiner Ehefrau überweist er die Hundesteuer . . .	75,— DM
4.	Für den Wachhund des Hotels ist der gleiche Betrag fällig, der ebenfalls überwiesen wird	75,— DM
5.	Brause kauft eine benachbarte Wiese zur Erweiterung seines Hotelparkplatzes für 3000,— DM. Den Kaufpreis und die fällige Grunderwerbsteuer zahlt er bar	....,— DM
6.	Die Gewerbesteuer an die Gemeindekasse wird bar bezahlt	2475,— DM
7.	Die Kfz-Steuer für seinen Geschäftswagen zahlt er mit Scheck . . .	295,— DM
8.	Vom Postgirokonto überweist er die Kfz-Haftpflichtversicherungsprämie für seine in Bonn studierende Tochter	322,— DM
9.	Die fällige Umsatzsteuer zahlt er beim Finanzamt bar ein	4760,— DM
10.	Sein Buchhalter schreibt für die Einkommensteuer von Herrn Brause einen Scheck aus	3000,— DM
11.	Er leitet die von den Mitarbeitern einbehaltene Lohn- und Kirchensteuer bargeldlos an das Finanzamt weiter	6590,— DM
12.	Brause zahlt für Vermögensteuer per Postscheck	645,— DM

4.5 Wertpapiergeschäft

4.5.1 An- und Verkauf von Dividendenpapieren

Inhaber von Hotel- und Gaststättenbetrieben legen nach Abschluß der Saison ihre flüssigen Mittel teilweise in Wertpapieren an. Bei Aktien kann der Ertrag (Dividende) von Jahr zu Jahr entsprechend der Höhe des Gewinns der Aktiengesellschaft schwanken. Die Dividende wird gegen einen abgetrennten Dividendenschein ausbezahlt.

Die beim Kauf oder Verkauf anfallenden Kosten, wie Maklergebühr, Provisionen und Spesen werden unter Konto 799 „Sonstige Aufwendungen" gebucht. Nur wenn die Wertpapiere zur dauernden Anlage dienen, sind Maklergebühren, Provisionen, Spesen und Börsenumsatzsteuer zu aktivieren.

Buchung beim Kauf von Aktien oder Investmentanteilen:

17 Wertpapiere des Umlaufvermögens		
+ 799 Sonstige Aufwendungen	an	16 Bank- und Postgiroguthaben

Buchung beim Verkauf von Aktien oder Investmentanteilen:

16 Bank- und Postgiroguthaben		
+ 799 Sonstige Aufwendungen	an	17 Wertpapiere des Umlaufvermögens

Buchung des beim Verkauf anfallenden Kursgewinns bzw. Kursverlusts:

Kursgewinn:

17 Wertpapiere des Umlaufvermögens an 535 Erträge aus Finanzanlagen

Kursverlust:

799 Sonstige Aufwendungen an 17 Wertpapiere des Umlaufvermögens

Insbesondere bei Hotelketten ist es auch üblich, Aktien von Unternehmen, mit denen ständige Geschäftsverbindungen gepflegt werden, als dauernde Beteiligung zu beschaffen. In diesem Falle wären sie unter Konto 11 „Wertpapiere des Anlagevermögens" zu buchen.

4.5.2 An- und Verkauf von festverzinslichen Wertpapieren

Buchung beim Kauf festverzinslicher Wertpapiere:

17 Wertpapiere des Umlaufvermögens + 799 Sonstige Aufwendungen (beim Kauf anfallende Kosten)	an 16 Bank- und Postgiroguthaben

Falls zum Zeitpunkt des Kaufs dem bisherigen Wertpapierbesitzer noch Zinsen zustehen, müssen diese verrechnet werden.

Buchung:

799 Sonstige Aufwendungen an 16 Bank- und Postgiroguthaben

Buchung beim Verkauf festverzinslicher Wertpapiere:

16 Bank- und Postgiroguthaben + 799 Sonstige Aufwendungen (beim Verkauf anfallende Kosten)	an 17 Wertpapiere des Umlaufvermögens

Die anfallenden Zinsen und der Kursgewinn werden auf das Konto 535 „Erträge aus Finanzanlagen" gebucht. Eventuelle Verluste erscheinen, wie die Kosten, auf dem Konto 799 „Sonstige Aufwendungen".

Aufgaben:

57

1. Beantworten Sie folgende Fragen:
   a) Gehören Wertpapiere zum Anlagevermögen, zum Umlaufvermögen, in das Privatvermögen des Unternehmens oder sind zwei bzw. alle drei Möglichkeiten gegeben?
   b) Geben Sie Beispiele für festverzinsliche Wertpapiere und Dividendenpapiere. Erklären Sie den Unterschied!
2. Buchen Sie folgende Geschäftsfälle:
   a) Kauf von 10 Stück VW-Aktien (Stückkurs 176) als vorübergehende Geldanlage durch die Besitzerin des Hotels „Alpensee", Frau Maria Schumacher. Für Maklergebühr, Provision und Spesen fallen 25,— DM an. Der Kaufpreis und die Kosten werden vom Bankkonto abgebucht.
   b) Frau Schumacher verkauft Obligationen zum Nominalwert von 6000,— DM. Die Bankspesen belaufen sich auf 40,— DM. Sie hat einen Kursgewinn von 200,— DM erzielt.

58

Buchen Sie folgende Geschäftsfälle und geben Sie an, welche Belege den Buchungen zugrunde liegen:

1. Löhne und Gehälter werden durch die Bank überwiesen.
2. Die Steuer für den Pkw des Hotels wird bar bezahlt.
3. Die Kosten für die Reparatur des Privatfahrzeugs des Betriebsinhabers wird über das Bankkonto des Hotels beglichen.
4. Die Etikettiermaschine der hoteleigenen Flaschenabfüllanlage mußte ersetzt werden. Die Rechnung wird durch Postüberweisung beglichen.

5. Banküberweisung für Gewerbesteuer.
6. Barzahlung an den Spediteur für Lieferung einer Weinsendung.
7. Herr Klotter zahlt uns termingerecht eine durch Wechselakzept gesicherte Schuldsumme zurück.

59 Wie lauten die Buchungssätze zu den folgenden Geschäftsvorfällen?

1. Reparatur eines Pkw wird mit Scheck bezahlt.
2. Privatentnahme bar.
3. Reisebüro erhält für Provisionen einen Scheck.
4. Die Telefonrechnung wird vom Postgirokonto abgebucht.
5. Überweisung der Kraftfahrzeugsteuer für den Geschäftswagen.
6. Bareinnahmen aus dem Verkauf von Tabakwaren.
7. Ein Omnibusunternehmen erhält die Rechnung für die Beherbergung einer Reisegesellschaft.
8. Bargeldlose Lohnzahlung.
9. Banküberweisung der Gas- und Stromrechnung.
10. Die Wäschereinigung wird bar bezahlt.
11. Tageseinnahmen für Speisen und Getränke.
12. Bareinkauf von Büromaterial.
13. Die Bank erteilt eine Zinsgutschrift.
14. Die Bank berechnet Darlehnszinsen.
15. Banküberweisung für neue Hausprospekte.
16. Ein Kunde schickt für eine noch offene Rechnung einen Verrechnungsscheck.
17. Postgiroüberweisung für a) Darlehenszinsen,
    b) Tilgungsrate eines Darlehens,
    c) Mehrwertsteuer.
18. Wir überweisen Verbandsbeiträge.
19. Bankabbuchung von Bezugsgebühren für Fachzeitschriften.
20. Ein Gast erhält für den vor einigen Tagen stattgefundenen Stehempfang die Getränkerechnung.

60 Bilden Sie Buchungssätze mit Angabe der Beträge für nachstehende Geschäftsvorfälle für die Zeit nach dem 1. Januar!

1. Einkauf von Lebensmitteln auf Ziel, Nettopreis . . . . 850,— DM
   zuzüglich MWSt (ermäßigter Satz)
2. Buchung des Hoteljournals . . . . 9489,74 DM
   Beherbergung 2784,— DM, Küche 3809,— DM, Keller 1805,— DM, jeweils zuzüglich MWSt.
3. Lohnauszahlung bar
   a) Bruttolöhne . . . . 5187,20 DM
      Personalverpflegung . . . . 790,80 DM
      Personalunterkunft . . . . 116,40 DM
      einbehaltene Abzüge . . . . 915,80 DM
   b) Verrechnung des Arbeitgeberanteils der Sozialversicherungsbeiträge . . . . 625,10 DM
4. Einkauf von Getränken gegen bar einschließlich Vorsteuer . . . . 133,20 DM

5.	Unsere Bank löst einen Schuldwechsel ein	1 000,— DM
6.	Banküberweisung für Einkommensteuer	600,— DM
	Getränkesteuer	87,60 DM
	Lohnsteuer	825,— DM
	Mehrwertsteuer	483,30 DM
7.	Warenabgabe aus dem Magazin an verschiedene Abteilungen während des Monats Januar	12 000,— DM
8.	Rücksendung mangelhafter Ware an den Lieferer (Vorsteuer, ermäßigter Satz) netto	250,— DM
9.	Wir ziehen auf einen Kunden einen Wechsel	500,— DM
10.	Inhaber entnimmt der Kasse	300,— DM
	Inhaber entnimmt an Waren (voller MWSt-Satz) netto	200,— DM

Fragen zur Übung und Wiederholung

1. In welchen Kontenklassen werden
   a) die betriebsbedingten Kosten,
   b) die Erträge,
   gebucht?
2. Zählen Sie die wichtigsten Betriebsteuern auf!
3. Wer ist Steuerträger der Verbrauchsteuern?
4. Wie werden Lohn- und Kirchensteuer des Gaststättenpersonals buchhalterisch behandelt?
5. Welcher Behörde obliegt die Verwaltung der Schaumwein-, Branntwein- und Biersteuer?
6. Welche Angaben sind zur Berechnung der Grundsteuer erforderlich?
7. Welche Kosten fallen beim Kauf und Verkauf von Wertpapieren an, auf welchem Konto werden sie gebucht?

6 Marzluf/Gehring – ISBN 3-8120-0279-5

5 Anwendungsformen der Buchführung im Gastgewerbe

5.1 Allgemeines

Bereits ca. 3000 v. Chr. haben die Sumerer auf Tontafeln über Löhne und Lagerbestände Buch geführt. Im Jahre 1494 beschrieb der Franziskanermönch Luca Pacioli erstmalig die **doppelte Buchführung.** Heute werden in großen und mittleren Betrieben die verschiedensten Formen der EDV-Buchführung angewandt.

Die **Ziele** der verschiedensten Buchungssysteme von vor ca. 5000 Jahren bis heute bestehen:

1. in der Kontrolle der Leistungs- und Kostenentwicklung,
2. in der Beschaffung zuverlässiger Daten, die dem Betriebsinhaber als Grundlage seiner Entscheidungen dienen können.

Ausgehend von der „italienischen" Buchführung wurde in allen späteren **Übertragungsbuchführungen** der Buchführungsstoff in einem Tagebuch (Grundbuch, Journal) *zeitlich* und in einem Hauptbuch *sachlich* geordnet. Dies führte zu Übertragungsarbeiten mit entsprechenden Nachteilen (Mehrarbeit, zusätzliche Fehlerquellen). Deshalb versuchte man Hauptbuch und Tagebuch zusammenzufassen. Es entstand aus der reinen Übertragungsbuchführung zunächst das *amerikanische Journal* und später die *Durchschreibebuchführung*.

5.2 Amerikanisches Journal

Im amerikanischen Journal sind das Grundbuch und das Hauptbuch in einem Formularbogen nebeneinander zusammengefaßt.

Muster eines amerikanischen Journals (verkürzte schematische Darstellung)

Datum	Buchungstext	Summe	01 Geschäftsgrundstück		03 unbebaute Grundstücke		15 Kasse		156 Vorsteuer		16 Bank	
			S	H	S	H	S	H	S	H	S	H
01.01.	I Eröffnungsbuchungen											
01.01.	II Laufende Buchungen											
31.12.	III Vorbereitende Abschlußbuchungen											
31.12.	IV Abschlußbuchungen											

Grundbuch — Hauptbuch

Da die Kontenspalten des amerikanischen Journals meist nicht für alle Konten ausreichen, richtet man ein **Konto „Verschiedene"** ein. Hier werden mehrere, seltener benutzte Konten zusammengefaßt.

Diese Buchführungsform kommt heute nur noch vereinzelt bei **kleineren Betrieben des Hotel- und Gaststättengewerbes** vor. Der Grund dafür liegt in folgenden **Nachteilen:**

1. **Begrenzte Anzahl von Konten** (etwa 20) und Unübersichtlichkeit des Kontos „Verschiedene".
2. **Hohe Formularkosten,** da in jeder Zeile nur ein Buchungsvorgang erfolgt und die restlichen Konten unbenutzt bleiben.
3. **Gefahr von Schreibfehlern,** da getrennte Liefererkarteien angelegt werden müssen.

5.3 Durchschreibebuchführung

Die entscheidene Neuerung gegenüber den Übertragungsbuchführungen besteht bei der Durchschreibebuchführung darin, daß eine **Durchschrift** erstellt wird. Dies geschieht folgendermaßen:

1. auf eine Buchungsplatte wird das Journalblatt gespannt;
2. darüber wird ein Kohlepapier gelegt;
3. auf dieses wird das Hauptbuchkonto an der Buchungsplatte festgeklemmt.

Durch entsprechend konstruierte Buchungsplatten wird gewährleistet, daß die Durchschrift auf dem Journal zeilengenau und spaltengenau erscheint. Erfolgt die Originalschrift – entsprechend der obigen Beschreibung – auf dem Hauptbuchkonto, dann spricht man von der **Konto-Original-Methode.** Falls umgekehrt zuerst das Hauptbuchkonto eingespannt wird und die Originalschrift auf dem Journalblatt erfolgt, handelt es sich um die **Journal-Original-Methode.**

Die Durchschreibebuchführung hat gegenüber den bisher gezeigten Methoden folgende **Vorteile:**

1. **Übertragungsarbeiten entfallen**. Hierdurch wird Arbeitszeit eingespart. Ferner werden Übertragungsfehler vermieden.
2. **Die Anzahl der Konten kann beliebig erweitert werden,** da keine gebundenen Bücher, sondern nur lose Blätter verwendet werden.
3. **Am Schluß jeder Journalseite ist eine Kontrolle möglich.** Hierdurch ist die Buchhaltung jederzeit abschlußbereit.

5.4 Maschinenbuchführung

Mit dem vom Arbeitskreis Betriebliche Organisation des DEHOGA geschaffenen Hotel- und Gaststättenkontenrahmen wurde eine Grundlage erarbeitet, die eine weitergehende **Mechanisierung des Rechnungswesens** im Hotel- und Gaststättengewerbe ermöglicht. Durch **Buchungsautomaten** und **Abrechnungsautomaten** können heute Rechen- und Buchungsarbeiten beschleunigt und verbilligt werden. Diese Automaten ermöglichen es, mehrere Durchschläge in gut lesbarer Schrift zu erstellen. Besondere Vorsteckeinrichtungen erleichtern ein schnelles und genaues Einspannen der Kontenkarten. Durch eingebaute Rechenwerke werden die Fehlerquellen manueller Buchführung weitgehend ausgeschaltet und Arbeitszeit eingespart.

5.5 EDV-Buchführung

5.5.1 Allgemeines

Der DEHOGA hat gemeinsam mit einer Datenverarbeitungsorganisation der Steuerberater (DATEV) ein EDV-Programm für das Rechnungswesen im Hotel- und Gaststättengewerbe erarbeitet. Hier werden bereits der neue Kontenrahmen und bundeseinheitliche Kennziffern und Begriffe verwendet. Die Vorteile der Automatisierung des Rechnungswesens, die **Sicherheit** und **Leistungsfähigkeit** moderner Maschinen werden in der nahen Zukunft in zunehmendem Maße hier den Einsatz der EDV ermöglichen. Dies erfordert besonders sorgfältige Grundaufzeichnungen des Hotel- und Gaststättenbetriebs.

5.5.2 Grundaufzeichnungen bei der EDV-Buchführung

Durch steuer- und handelsrechtliche Vorschriften sollen Kreditgeber, Eigentümer und die Allgemeinheit vor Schaden bewahrt werden.

Deshalb werden die beiden Grundlagen der Buchführung, die **Wahrheit** und die **Klarheit** nicht vom Wandel der Buchführungstechnik berührt.

Hier liegt es im Verantwortungsbereich des Buchführungspflichtigen, die **Ordnungsmäßigkeit**

1. der Datenerfassung und
2. der Datenverarbeitung

zu sichern.

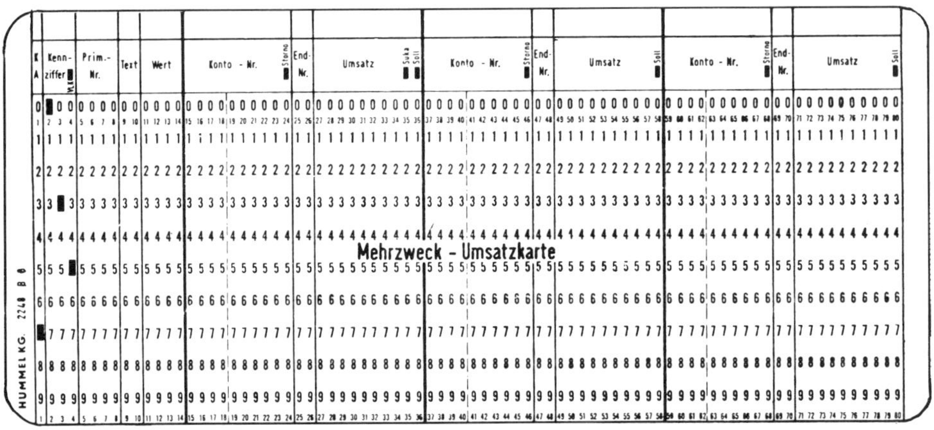

Dies bedeutet, daß insbesondere bei der EDV-Buchführung außer Haus auf exakte vertragliche Vereinbarungen und organisatorische Datensicherung* geachtet werden muß.

Auch bei Anwendung der EDV sind gewisse Grundaufzeichnungen erforderlich. So sind in einem Kassenbuch oder Kassenbericht die Einnahmen und Ausgaben **täglich** aufzuzeichnen. **Bank- und Postgiroauszüge** bilden nur dann einen Grund-

* Insbesondere bei Magnetspeichern besteht die Gefahr, daß z.B. bei unsachgemäßer Behandlung oder Lagerung Daten verlorengehen, die nicht mehr oder nur schwer rekonstruiert werden können. Den Verlust oder die Verfälschung von Informationen zu verhindern, ist Aufgabe der Datensicherung.

buchersatz, wenn sie mit Vermerken über den Geschäftsvorfall und Beleghinweis versehen sind. Bei zumindest monatlicher Datenverarbeitung kann auch das Datenerfassungsprotokoll als Grundaufzeichnung gelten. Falls die Dateneingaben in längeren Zeitabständen erfolgen, müssen in einem speziellen Buch die Bank- und Postgirovorgänge fortlaufend und vollständig aufgezeichnet werden. Auch ein Wechselverkehrsbuch ist in diesem Fall unerläßlich.

Organisationsunterlagen (Ablaufdiagramm usw.) sind, wenn sie zum Verständnis der Buchführung erforderlich sind, zehn Jahre lang aufzubewahren. Hierbei ist vor allem auf folgende drei Punkte zu achten:

1. Arbeitsanweisungen und Organisationsunterlagen müssen aufbewahrt und dokumentiert werden,
2. das Operating ist zu protokollieren und zu prüfen,
3. Programme, Programmunterlagen und Magnetdatenträger müssen gesichert und archiviert werden.

Es verstößt nicht gegen die GoB, wenn der Buchungsstoff erst zum Jahresende ausgedruckt wird. Doch muß die Möglichkeit gewährleistet sein, auch im Laufe des Geschäftsjahres jederzeit eine Auflistung der Buchungsdaten vorzunehmen. Das Zahlenmaterial darf allerdings nicht verdichtet sein.

5.5.3 Formen der EDV-Buchführung

Es lassen sich zwei grundsätzliche Verfahren der EDV-Buchführung unterscheiden:

1. das „ausgabeorientierte" Verfahren,
2. die „Speicherbuchführung".

Bei den „ausgabeorientierten" Verfahren ist jeder Buchungsvorgang leicht zurückzuverfolgen.

Buchungsablauf:

Beleg (Urbelege in Klarschrift),
Tagesabrechnung (Journal),
Kontenabrechnung (Kontenbewegungen),
Saldenliste (Abstimm- und Kontrollunterlagen),
Betriebsübersicht (Informationen für die Betriebsführung).

Bei der „Speicherbuchführung" werden die Daten der Buchhaltung stets abrufbereit gehalten. Sie wird deshalb auch „Auskunftsbuchführung" genannt. Sie kommt dem zunehmenden Informationsbedarf der Betriebsführung entgegen. Bei fortgeschrittenen Verfahren entspricht ihr Aufbau in Großbetrieben des Hotel- und Gaststättengewerbes dem Datenbankprinzip.*

---

* Eine Datenbank besteht aus großen Datenbeständen mit gemeinsamen Kennbegriffen. Sie entspricht einem „Auskunftsbüro", an das sich viele Benutzer gleichzeitig wenden können. Meist erfolgt die Auskunft an die Benutzer über Bildschirmausgabe. Insbesondere auf dem Verwaltungssektor sind für bestimmte Bereiche Datenbanken sinnvoll (Bibliotheken, Einwohnerkarteien usw.). Aber auch im Gastgewerbe ergeben sich, wenn sämtliche, den Betrieb interessierende Daten gespeichert werden, gewisse Vorteile:

1. Verringerung des Postverkehrs zwischen Hotels bzw. Abteilungen einer Hotelkette und deren Zentralen;
2. keine Mehrfacherfassung und -aufbereitung von Daten;
3. sofortige Verfügbarkeit der Daten.

Die Speicherbuchführung setzt allerdings umfangreiche Programmsysteme und Großanlagen voraus. Sie ist deshalb im Hotel- und Gaststättengewerbe noch nicht sehr verbreitet.

Merke:
Bei der EDV-Buchführung kann die systematische Belegsammlung bis zum Zeitpunkt der Dateneingabe das Grundbuch ersetzen.

Aufgaben:

61 Buchen Sie den folgenden Geschäftsgang auf dem amerikanischen Journal und machen Sie den Abschluß!

Konten und Anfangsbestände:

01	Gebäude	90 000,— DM	30	Kapital	127 490,— DM
06	Geschäftsausstattung	17 000,— DM	43	Verbindlichkeiten	5 180,— DM
15	Kasse	4 210,— DM	44	Schuldwechsel	
156	Vorsteuer		50	Erlöse	
16	Bank	9 200,— DM	60	Warenverbrauch	
186	Mehrwertsteuer	1 490,— DM	62	Personalkosten	
195	Privat		75	Zinsen	
20	Warenvorräte	11 400,— DM	81	G+V-Konto	
24	Forderungen	2 350,— DM			

Geschäftsvorfälle:

1. Tageseinnahmen (Inklusivpreise) . . . . 4 181,— DM
2. Wareneinkauf auf Ziel zuzüglich MWSt (ermäßigter Satz) . . . . . 1 400,— DM
3. Überweisung der Mehrwertsteuer . . . . 450,— DM

4.	Privatentnahme bar	500,— DM
5.	Bargeldlose Lohnzahlung	1 300,— DM
6.	Betriebsausflug Fa. Mauser u. Co.: Speisen und Getränke auf Ziel verkauft	3 051,— DM
7.	Zinsgutschrift der Bank	360,— DM
8.	Getränke für privaten Verbrauch entnommen	100,— DM
9.	Kauf von Einrichtung gegen Scheck, zuzüglich MWSt	6 300,— DM
10.	Wareneinkauf gegen Wechsel, einschl. MWSt	1 017,— DM

Abschlußangabe:

Warenendbestand laut Inventur = 11 990,— DM

62 Buchen Sie den nachstehenden Geschäftsgang auf dem amerikanischen Journal!

Konten und Anfangsbestände:

05	Maschinen	18 590,— DM	24	Forderungen	3 280,— DM
06	Geschäftsausstattung	24 520,— DM	30	Eigenkapital	
15	Kasse	7 291,30 DM	43	Verbindlichkeiten	17 693,— DM
156	Vorsteuer		50	Erlöse	
16	Bank	11 416,70 DM	60	Warenverbrauch	
186	Mehrwertsteuer	7 360,— DM	64	Energiekosten	
195	Privat		65	Gebühren und Beiträge	
20	Warenvorräte	43 976,— DM	66	Allgemeine Verwaltung	
			72	Instandhaltung	

Geschäftsvorfälle:

1.	Wareneinkauf auf Ziel (voller MWSt-Satz)	816,70 DM netto
2.	Wareneinkauf bar (voller MWSt-Satz)	516,15 DM brutto
3.	Tageseinnahmen	1 918,52 DM brutto
4.	Banküberweisung einer fälligen Liefererrechnung	827,60 DM
5.	Wegen Mängelrüge senden wir Waren im Wert von 200,— DM an den Lieferer zurück (voller MWSt-Satz)	200,— DM netto
6.	Banküberweisung für eine Reparaturrechnung	427,35 DM brutto
7.	Privatentnahme bar	720,— DM
8.	Banküberweisung der Stromrechnung	387,— DM netto
9.	Firma Kunze bleibt anläßlich einer Betriebsfeier in unserem Hause die Rechnung schuldig	1 576,20 DM brutto
10.	Ein Gast zahlt die Rechnung vom vergangenen Monat per Postanweisung	385,— DM
11.	Wir kaufen Büromaterial gegen Barzahlung	97,24 DM brutto
12.	Banküberweisung des Beitrages an den Gaststättenverband	86,— DM
13.	Bierlieferung wird bar bezahlt	1 065,60 DM brutto
14.	Tageslosung	2 965,— DM netto
15.	Verkauf einer alten Küchenmaschine bar	266,40 DM brutto
16.	Privatentnahme von Waren	75,— DM netto
17.	Bareinzahlung auf das Bankkonto	5 200,— DM
18.	Bareinkauf von Putzmitteln	158,73 DM brutto
19.	Banküberweisung der Mehrwertsteuer	3 265,— DM
20.	Banküberweisung der Einkommensteuer	1 783,— DM

Abschlußangabe:

Warenendbestand laut Inventur . . . . 43 429,90 DM

Fragen zur Übung und Wiederholung

1. In welcher Reihenfolge werden die Geschäftsvorfälle im Grundbuch erfaßt?
2. Wie lautet die Bezeichnung für die Gesamtheit aller Konten?
3. Wie wirkt es sich aus, daß bei der Durchschreibebuchführung die Übertragung entfällt?
4. Die Einführung der Durchschreibebuchführung ermöglicht es, farbige Karten, Reiter, Kerbungen usw. einzusetzen. Welche Vorteile hat der Buchhalter hierdurch?
5. Warum wird das amerikanische Journal nur noch vereinzelt bei Kleinbetrieben des Hotel- und Gaststättengewerbes verwendet?
6. Welches sind die wichtigsten Vorteile der Buchungs- und Abrechnungsautomaten?
7. Warum ist insbesondere bei der EDV-Buchführung außer Haus im verstärktem Maße auf organisatorische Datensicherung zu achten?
8. Welches ist der wichtigste Vorteil der Speicherbuchführung (Auskunftsbuchführung)?

6. Das Buchen von Belegen

6.1 Bearbeitung von Belegen und Buchungsvorbereitung

Zur Buchungsvorbereitung werden die Belege gesammelt und wie folgt bearbeitet:

1. Ordnen, Sortieren und Numerieren;
2. Mit dem Buchungsstempel versehen;
3. Vorkontieren.

Jetzt kann die Buchung – bzw. bei EDV-Buchführung die Datenerfassung – erfolgen. Dies wird durch einen Buchungsvermerk mit Daten vom Buchhalter bestätigt. Anschließend werden die Belege abgelegt (Vgl. hierzu Kapitel 1.2).

6.2 Beleggeschäftsgang

Aufgabe:

63 **Anfangsbestände:**

06	Einrichtung, Betriebs- u. Geschäftsausstattung, Kraftfahrzeuge	150 000,— DM	202	Lebensmittel	8 000,— DM
13	Besitzwechsel	2 000,— DM	203	Getränke	14 000,— DM
15	Kasse	4 000,— DM	24	Forderungen aus Lieferungen u. Leistungen	3 500,— DM
156	Vorsteuer	2 500,— DM	30	Eigenkapital	227 000,— DM
16	Bank- und Postgiroguthaben	80 000,— DM	43	Verbindlichkeiten aus Lieferungen und Leistungen	18 000,— DM
186	Mehrwertsteuer	6 800,— DM	44	Schuldwechsel	12 200,— DM

1. Eröffnen Sie die Konten!
2. Bilden Sie die Buchungssätze aufgrund der folgenden Belege!
3. Buchen Sie entsprechend folgendem Kontenplan:

Kontenplan:

06, 13, 15, 156, 16, 186, 202, 203, 24, 30, 43, 44, 50, 661, 669, 72.

Donaueschingen, den 3. Februar 19..
Ort und Tag der Ausstellung (Monat in Buchstaben)

Nr. d. Zahl.-Ortes	Donaueschingen	3.4....
	Zahlungsort	Verfalltag

Gegen diesen Wechsel – erste Ausfertigung – zahlen Sie am 3. April **19** ..
Monat in Buchstaben

an eigene Order **DM** 2 500,--
Betrag in Ziffern

Deutsche Mark Zweitausendfünfhundert ------------------------------ Pfennig wie oben
Betrag in Buchstaben

Bezogener Reisebüro Glücksstern
Kleeblattstr. 47
in 7500 Karlsruhe
Ort und Straße (genaue Anschrift)

Hotel Öschberghof
Golfplatz 1
7710 Donaueschingen

Zahlbar in ______ Zahlungsort
bei ______ Name des Kreditinstituts ______ z. L. Konto Nr.

A. Maier
Unterschrift und genaue Anschrift des Ausstellers

Angenommen J. Glücksstern

Stempelmarken auf der Rückseite unmittelbar unter diesem Rande aufkleben

---

Vermerke in dieser Spalte sind nur für Kreditinstitute bestimmt und gehören nicht zum Wechseltext.

⑥

Freiburg, den 3. Januar 19..
Ort und Tag der Ausstellung (Monat in Buchstaben)

Nr. d. Zahl.-Ortes	Donaueschingen	3.3...
	Zahlungsort	Verfalltag

Gegen diesen **Wechsel** - erste Ausfertigung - zahlen Sie am 3. Mai 19 ..
Monat in Buchstaben

an eigene Order DM 5 000,--
Betrag in Ziffern

Deutsche Mark Fünftausend ------------------------------ Pfennige wie oben
Betrag in Buchstaben

Bezogener Hotel Öschberghof
Hermann May
in 7710 Donaueschingen, Golfplatz 1
Ort und Straße (genaue Anschrift)

Weinhandlung
Erika Rosenmund
Maurergasse 13
7800 Freiburg i.Brsg.

Zahlbar in ______ Zahlungsort
bei ______ Name des Kreditinstituts ______ z. L. Konto Nr.

E. Rosenmund
Unterschrift und genaue Anschrift des Ausstellers

Angenommen Hermann May

Stempelmarken auf der Rückseite unmittelbar unter diesem Rande aufkleben!

HOTEL ÖSCHBERGHOF

Golfplatz 1
7710 Donaueschingen

Telefon 0771/841
Telex 792717 oesch d

	Kellner	fortl. Nr.	Datum	Pers./Tisch
Rechnung	09	8006	21/08/77	27

27 34.00 #002
1.70 GRP1
5.00 #410

73921AU RE C 5 40.70 S0 ;
* 12
4,070
*

Dr. Hartl
Z. 207

Mehrwertsteuer

_____ % Mehrwertsteuer und Bedienungsgeld sind im Endbetrag enthalten

S. Ziegler
Unterschrift

F 22239

fällig:
Eink.:
Eing.: 12. Feb. 19..
Kond.:

Marco

Unternehmensgruppe

Fachgroßhandel
für Großverbraucher

Marco, Liebigstraße 2-4 · 7800 Freiburg / Breisgau

Hotel Öschberghof
Golfplatz 1

7710 Donaueschingen

RECHNUNG

Kunden-Nr.	Rechnungs-Nr.	Rechnungsdatum
113946	170559	11.02...

Bitte bei Zahlung angeben.

Bestell-Datum	Liefer-Datum		Versandart
07.02...	09.02...	pfefferle	Lkw

Artikel	Einzelpreis	Gesamtpreis
10 x 25 kg Calgonit GS f.	70,50	705,00
5 x 20 kg Calgonit Glanztrockner N	56,40	282,00

Warenwert		987,00
Mehrwertsteuer	14 %	138,18
Gesamtpreis		1.125,18

Christian Goedeken jr. GMBH & Co.

FISCHE · HUMMER · AUSTERN · CAVIAR

ABSENDER: CHRISTIAN GOEDEKEN JR. – 2000 HAMBURG 50

HOTEL OESCHBERGHOF
GOLFPLATZ 1

7710 DONAUESCHINGEN

fällig:
Eink.:
Eing.: - 6. Juli 19..
Kond.:

Bankkonto: Vereins- und Westbank, Zweigstelle Fischmarkt, Konto-Nr. 9/007006 (BLZ 20330109)
Postgiro: Hamburg 11735-203
Telegr.-Adr.: Fischgoedeken
Telefon: Sammel-Nr. 311221
Fernschreiber: 0212513

2000 HAMBURG 50
Gr. Elbstraße 3, Postfach 500548

Datum 04.06...

RECHNUNG Nr. 26 108

Wir sandten Ihnen heute per EXPRESS

Einheit	Artikel	Menge	Preis	Netto Warenwerte 7 %	Netto Warenwerte 14 %
KG	RÄUCHERSTÖR	4,40	27,00	118,80	
KG	RÄUCHERAAL	2,95	31,50	92,93	
KG	HECHTE 2 STÜCK	7,30	7,30	53,29	
PKT	SCALLOPS OHNE ROGEN	5	8,95	44,75	
	VERP. ANT.			3,80	

7 % Warenwert	Mehrwertst.	14 % Warenwert	Mehrwertst.
313,57	21,95		

Zu zahlender Endbetrag DM: 335,52

Netto Kasse innerhalb 8 Tagen

LIEFERUNGSBEDINGUNGEN: Die Ware läuft auf Rechnung und Gefahr des Empfängers. Etwaige Beanstandungen haben sofort telegrafisch oder telefonisch bei Empfang der Ware zu erfolgen – Erfüllungsort Hamburg-Altona.

Die Ware bleibt bis zur völligen Bezahlung unser Eigentum.

FÜRSTLICH FÜRSTENBERGISCHE BRAUEREI KG DONAUESCHINGEN

Fürstlich Fürstenbergische Brauerei KG · Postfach 12 49 · 7710 Donaueschingen

Herr/Frau/Firma

Öschberghof Hotel
Aldi GmbH & Co. KG
Golfplatz

7710 Donaueschingen

Lieferanschrift

Fürstenberg

Bilger

RECHNUNG/GUTSCHRIFT

KUNDEN-NR.	BELEG-NR.	DATUM
90/120914	61389	03.08...

BEI ZAHLUNG UND SCHRIFTWECHSEL BITTE STETS ANGEBEN

Kundeneigene Kunden-Nr. Lieferadresse	Stamm-kosten	Sach-bearb.	Rg. So	Blatt
	6111	00		1

Liefertag	Menge*	ME	Flasche, Stück, HL	Artikel-Nr.	Artikelbezeichnung	Einzelpreis	Betrag DM
30.06.		ST	1	8161	Premixreinigung	18,000	Gratis
01.07.	6	FA	3,00	0050	FF Pilsener 50L Fass	124,000	372,00
	2	KA	48	3201	Pepsi 0,33	0,383	18,38
		ST	2	3215	Mirinda Premix	24,000	48,00
	3	KA	60	3230	Schwip Schwap 0,5	0,465	27,90
		ST	2	3269	Armin Premix	18,000	36,00
	3	KA	48	4120	Dürrh. Mineralw. 0,5	0,322	15,46
	2	KA	48	4607	Fachinger 0,33	0,520	24,96
08.07.	6	FA	3,00	0050	FF Pilsener 50L Fass	124,000	372,00
	2	KA	48	1045	FF Pilsener 0,33 EW	0,580	27,84
	3	KA	60	3151	Bingo Gold 0,5	0,380	22,80
	2	KA	40	3154	Bingo Silber 0,5	0,380	15,20
	3	KA	72	3201	Pepsi 0,33	0,383	27,58
		ST	2	3205	Pepsi Premix	24,000	48,00
		ST	2	3215	Mirinda Premix	24,000	48,00
	5	KA	100	3230	Schwip Schwap 0,5	0,465	46,50
		ST	3	3269	Armin Premix	18,000	54,00
	5	KA	125	4115	Dürrh. Mineralw. 0,25	0,270	33,75
	3	KA	48	4120	Dürrh. Mineralw. 0,5	0,322	15,46
	4	KA	96	4607	Fachinger 0,33	0,520	49,92
29.07.	10	FA	5,00	0050	FF Pilsener 50L Fass	124,000	620,00
							1923,75

LEERGUT-ABRECHNUNG

ME = Mengeneinheit KA = Kasten FL = Flaschen FA = Faß Li = Liter PA = Paletten ST = Stück KG = Kilogramm

* Kennzeichnung in Mengenspalte: B = Bruchgutschrift R = Rückbier-Gutschrift

Artikelbezeichnung	Alter Saldo	Lieferung	Rücknahme	Neuer Saldo		
					Warenwert-Netto	
					14 % Umsatzsteuer	269,33
					Gesamtbetrag	2.193,08
						=======

Zahlungsbedingungen

BLUMENHAUS VÖLK

7710 DONAUESCHINGEN · MÜHLENSTR. 13 · TELEFON 0771/3185
BINDEREI · DEKORATIONEN · KRÄNZE · FRIEDHOFSPFLEGE
GARTEN- UND LANDSCHAFTSPLANUNG – BERATUNG

Blumenhaus Völk, Mühlenstraße 13 · 7710 Donaueschingen

Golfhotel Oeschberg
Aasen

fällig:
Eink.:
Eing.: 10. Aug. 19..
Kond.:

RECHNUNG

den 8. 8. . .

		DM
2.6.77	Strauß für Gast	38,–
27.7.	Gesteck (20,– + 5,–)	25,–
27.7.	Strauß	8,60
	Gesteck (10,– + 4,50)	14,50
	Strauß	17,–
20,7.	Gesteck (10,– + 4,50)	14,50
15.7.	Pflanzschale	77,50
12.7.	3 Gestecke à 20,– (24,50 – 4,50)	60,–
9.7.	1 Gesteck (20,– + 4,50)	24,50
		279,60
	inkl. 7 % MWSt.	18,29

Banken: Bad. Bank Donaueschingen (BLZ 694 210 20) 400 364 48 · Bezirkssparkasse Donaueschingen (BLZ 694 510 70) 00-028 515 · Postgirokonto München 215 238-801
Erfüllungsort und Gerichtsstand ist Donaueschingen. Zahlbar ohne Abzug innerhalb 8 Tagen.

HACKBLOCKMACHER · SPEZIAL · HOLZSCHLEIFEREI

verzahnen

Schleifen sämtlicher Messer, auch mit Wellenschliff.

Erich Mühlbrandt

EMK

Erich Mühlbrandt · Brandenburger Straße 31 · Postfach 1358 · 7750 Koblenz

Schneidbretter in Kunststoff und Holz in jeder Größe

7750 KONSTANZ
Brandenburger Straße 31
Telefon 07531/79067

Bankkonten:
Deutsche Bank, Kto.-Nr. 205146
Sparkasse Konstanz, Kto.-Nr. 034447
Dresdner Bank, Fil. Konstanz, Kto.-Nr. 5805478

Hotel
Öschberghof

7710 Donaueschingen

fällig:
Eink.:
Eing.: 22. Juli 19..
Kond.:

Konstanz, 21.07.19..

Rechnung

Reparatur an Hackstöcken in der Küche

1	Hackstock gerichtet	40 X 40	32,-- DM
	ausgestrichen		3,50 "
1	Hackstock gerichtet	70 X 50	65,-- "
	ausgestrichen		4,50 "
			105,00 DM
	14 % Mehrwertsteuer		14,70 "
			119,70 DM
			=========

HOTEL
Restaurant

Offizielles Organ der Deutschen Sektion der International Hotel Association
Älteste Fachzeitschrift für Hotellerie und Fremdenverkehr

Rechnung

MATTHAES VERLAG GMBH
Postfach 622 · Olgastraße 87
7000 STUTTGART 1
Telefon (0711) 247321 · Telex 721802
Tel.-Adr. Matthaesverlag Stuttgart
Friedrich-Ebert-Anlage 44, 6000 Frankfurt am Main
Telefon (0611) 748000
Postfach 4150, Rothenbaumschaussee 177, 2000 Hamburg 13
Telefon (040) 417001, Telex 215289

Bei Zahlung bitte angeben

	Rechnung Nr.	Datum	Stück	Bezugszeit	Abonnem.-Preis viertel-jährlich	Gesamt-Betrag	Steuerliches Entgelt	Mehrwert-steuer	**Rechnungs-Betrag DM**
Hotel "Oeschberghof" Golfplatz 1 7710 Donaueschingen	770545*	06.07...	1	01.07.-31.12...	21,50	43.00	40.57	2.64	43.00

fällig:
Eink.:
Eing.: -8. Juli 19..
Kond.:

Halbjahres-Rechnung: Zahlbar innerhalb 8 Tagen mit 3 % Skonto oder innerhalb 30 Tagen netto ohne Abzug.
Erfüllungsort und Gerichtsstand für Vollkaufleute ist Stuttgart.
Für alle übrigen Kunden gilt dieser Gerichtsstand für das Mahnverfahren.
Bei gerichtlicher Beitreibung und bei Konkursen fällt jeder eingeräumte Rabatt fort.

Postscheckkonten: Stuttgart Nr. 1680-709, Wien Nr. 7332740, Zürich Nr. 80-50452
Bankkonten: 2065232 Landesgirokasse Stuttgart, BLZ 60050101
1705 Württembergische Bank Stuttgart, BLZ 60020030

M. M. Enderlin KG
8990 Lindau/B

Versandhaus für Gaststätten- und Hotelbedarf

M. M. Enderlin KG, Postfach 1280, 8990 Lindau (B)

Hotel Öschberghof

7710 Donaueschingen

fällig:
Eink.:
Eing.: 28. Mai 19..
Kond.:

RECHNUNG

Rechnungs-Nr.	Kunden-Nr.
13086	4211 00

Wir sandten Ihnen auf Ihre Rechnung und Gefahr durch: Post 3

Artikel-Nr.	Menge	Preis	WG St.Sz.	Artikelbezeichnung	Brutto-Betrag			Netto-Betrag
				Am 24.05...				
2513	5000	8,50	00	Zahnstocher	42,50	0,00	0,00	42,50
0414	1000	31,80	00	Tropfdeckchen für Rotweinflaschen	31,80	0,00	0,00	31,80

Datum	Netto Warenwert	Porto	Verpackung	Frachtverg.	Frachtbelast.	Gesamt Netto	MWSt DM	Rechnungsbetrag
27.05...	74,30	2,50	1,00	0,00		77,80	10,89	88,69*

Gesamt netto	77,80
Skonto	1,73
Zwischensumme	76,07
Mehrwertsteuer	10,89
Zahlungsbetrag	86,96

Skontofrist 14 Tage 2 %
DM 1,73

Zahlungsbedingungen: 14 Tage 2 % Skonto, 30 Tage netto

RECHNUNG	NAME Herr Dr. Hartl	Pers. 2
		ZIMMER-NR. / ROOM NO 207
	Garage 8	

HOTEL ÖSCHBERG-HOF

7710 Donaueschingen

Telefon: 0771/841
Telex: 792717 oesch d
Telegramm: oeschhof

Hallenbad – Beckengröße 25 × 12,5 m
Wassertemperatur 29° C
Sauna, Einzelsolarien

Absolut ruhige Lage

– 4 km von der Stadtmitte entfernt – Zufahrt über B 31/33

Ganzjährig geöffnet
53 großzügige Zimmer
90 Betten

Restaurant

18-Löcher-Golfplatz

Club- und Tagesraum bis 40 Personen
Konferenzraum bis 20 Personen

Postgirokonto: Karlsruhe 125 116-750

Bezirkssparkasse Donaueschingen 00-001-222

BUCH-Nr. DATUM / ACC.-No. DATE	VORGANG / REFERENCE	BELASTUNG / CHARGES	GUTSCHRIFT / CREDITS	SALDO / BALANCE	SALDO-VORTRAG / PREVIDUS BALANCE PICK-UP
607A21AUG77	ARRMT	* 78,00		* 78,00 *	* 78,00AS
610A21AUG77	H.BAR	* 5,00		* 83,00 *	* 83,00AS
739C21AUG77	REST	* 40,70		* 123,70 *	* 123,70AS
934C22AUG77	KURT	* 100,00	bis 29.8.	* 223,70 *	* 223,70AS
972C22AUG77	ARRMT	* 78,00			
973C22AUG77	H.BAR	* 5,00		* 306,70SK*	* 306,70AS
671C23AUG77	ARRMT	* 78,00			
672C23AUG77	H.BAR	* 5,00		* 389,70SK*	* 389,70AS
641A24AUG77	ARRMT	* 78,00			
642A24AUG77	H.BAR	* 5,00		* 472,70SK*	* 472,70AS
566A25AUG77	ARRMT	* 78,00			
567A25AUG77	H.BAR	* 5,00		* 555,70SK*	* 555,70AS
185A26AUG77	ARRMT	* 78,00		* 633,70SK*	* 633,70AS
925C27AUG77	ARRMT	* 78,00			
926C27AUG77	H.BAR	* 5,00		* 716,70SK*	* 716,70AS
591A28AUG77	ARRMT	* 78,00			
592A28AUG77	H.BAR	* 5,00		* 799,70SK*	* 799,70AS
132A29AUG77	ARRMT	* 78,00			
133A29AUG77	H.BAR	* 5,00		* 882,70SK*	* 882,70AS
706C29AUG77	TEL.	* 4,00		* 886,70 *	

Brutto: ______

____ %
MW-Steuer: ______

Netto-Betrag: ______

Bedienungsgeld und Mehrwertsteuer im Endbetrag enthalten.

F 21708

▲
KASSE = Quittung, Payment, Paiement, Pagato

LOGIS	
FRÜHSTÜCK	54.78
RESTAUR.	15.--
GARAGE:	8-22
ARR.-SUMME:	78.--

Zimmer-Nr.	Personen		MONTAG / MONDAY	DIENSTAG / TUESDAY	MITTWOCH / WEDNESDAY	DONNERSTAG / THURSDAY	FREITAG / FRIDAY	SAMSTAG / SATURDAY	SONNTAG / SUNDAY
	2								

Bl. 089*

Für Postgirokonto Nr.
478 11-709

--320 DM 00 Pf

von

Dipl.-Hdl.
Kl. Gehring
Sonnhalde 1
7730 VS-Schw.

betrifft:
Hotelrechnung
vom 01.04...

(Rechnungs-Nr. usw., Kontonummer bei anderen Geldinstituten)

Für den Auslandsverkehr bitte Rückseite beachten!

Das Postgiroamt sendet diesen Abschnitt dem Gutschriftempfänger

---

Für Vermerke des Absenders

Rchg.-Nr. 4711

Einlieferungsschein
– Bitte sorgfältig aufbewahren –

DM	Pf
250,	--

für

Winzergenossenschaft
Kaiserstuhl
Rebenweg 12

in

Bischoffingen

Postvermerk

B 986 *

Telefon-Rechnung inclusive Mehrwertsteuer

für .... Zimmer-Nr. 207

Datum 29. 8. 1977

706 29AU FE C207

Ort oder Vorwahl	Nr.	Einheiten	à	Gebühren
		10	0,40	4.–

Telefonist: [signature] Betrag erhalten: DM 4.–

Hoteldruck Rick, 53 Bonn-Bad Godesberg · Tel.-Rechnung Nr. 252

Bankleitzahl
123 546 78

SPARKASSE ÜBERALL
Hauptzweigstelle 10
Überall, Schwanhildenstraße 25

Zahlen Sie gegen diesen Scheck aus meinem/unserem Guthaben

Nur zur Verrechnung

Zweihundertfünfzig ------------------. Pf

Deutsche Mark in Buchstaben wie nebenstehend

DM 250.--

an

Hotel Öschberghof
Golfplatz 1
7710 Donaueschingen

oder Überbringer

Überall
Ausstellungsort

1. Februar 19..
Datum

[signature]
Unterschrift des Ausstellers

Eine Streichung des Zusatzes „oder Überbringer" gilt als nicht erfolgt. Die Angabe einer Zahlungsfrist auf dem Scheck gilt als nicht geschrieben.

121611 1/72 10031

Scheck-Nr. × Konto-Nr. × Betrag × Bankleitzahl × Text

0000000004194⑈ 12354678⑈ 01⑂

Bitte dieses Feld nicht beschreiben und nicht bestempeln

7 Marzluf/Gehring – ISBN 3-8120-0279-5

7 Der Geschäftsabschluß im Hotel- und Gaststättengewerbe

7.1 Betriebsübersicht

7.1.1 Aufgabe und Bedeutung der Betriebsübersicht

Zum Zwecke der jährlichen Bilanzierung sind zunächst alle Konten abzuschließen. Hierbei können sich **Fehler** einschleichen. Wenn die Bilanz dann aufgestellt ist, zeigt sich, daß ihr Aussagewert begrenzt ist. Die Kontenstände sind saldiert und auf einen bestimmten **Stichtag** bezogen.

Diese beiden **Nachteile der Bilanz:**

1. umständliche, fehleranfällige Abschlußarbeiten,
2. einmaliger, begrenzter Aussagewert.

werden durch die Betriebsübersicht (Abschlußübersicht) gemildert. Die Betriebsübersicht ermöglicht **vorbereitende** Kontrollen für den eigentlichen Abschluß und wird oft auch während des Geschäftsjahres zur besseren Information der Betriebsleitung erstellt.

7.1.2 Aufstellung der Betriebsübersicht

Ausgangspunkt der Betriebsübersicht sind die Summen der einzelnen Konten. Da jede Buchung sowohl im Soll, als auch im Haben vorgenommen wurde, muß hier eine Übereinstimmung zwischen der Gesamthöhe der Sollsumme und der Gesamthöhe der Habensumme bestehen. So ermöglicht die 1. Spalte der Betriebsübersicht, die **Summenbilanz,** eine Kontrolle, ob keine Buchung vergessen wurde und ob die Addition der Kontoseiten stimmt.

Den Gastwirt oder Betriebsführer interessiert hier vor allem die stärkere Seite eines jeden Kontos. Aus diesem Grunde werden in der zweiten Spalte der Betriebsübersicht die Salden errechnet und – im Gegensatz zum Kontenabschluß – **auf der stärkeren Seite** des Kontos eingetragen.

Diese als Saldenbilanz I bezeichnete Spalte muß in ihrer Endsumme wieder im Soll und im Haben übereinstimmen.

In der dritten Spalte **„Umbuchungen"** erfolgen die **vorbereitenden Abschlußbuchungen.** Um den Erfolg des Betriebes festzustellen, sind noch einige wichtige Buchungen vorzunehmen. Hierzu gehört beispielsweise die Berichtigung von bei der Inventur festgestellten Wertunterschieden, die Verrechnung der Vorsteuer mit der Mehrwertsteuer, der Abschluß von Unterkonten auf das Hauptkonto (so ist z.B. Konto 195 Privat ein Unterkonto des Eigenkapitalkontos 30) und die zeitliche Abgrenzung (z.B. die zeitlich genaue Buchung vorausgezahlter Pacht).

Mit der **Saldenbilanz II** werden in der vierten Spalte der Betriebsübersicht erneut – nach erfolgten Umbuchungen – die Salden auf der stärkeren Seite eingetragen. Hierdurch werden die Vollständigkeit der jeweiligen Einzelbuchung und richtige Saldierung der vorbereitenden Abschlußbuchungen geprüft.

In der **Inventurbilanz** (Spalte 5) und der **Gewinn- und Verlustrechnung** (Spalte 6) wird auf zwei verschiedenen Wegen der Betriebserfolg ermittelt. Die Feststellung des Unterschieds zwischen Aktiva und Passiva in der Inventurbilanz ist eine **Erfolgsermittlung durch Bestandsvergleich.** Das Errechnen der Differenz zwischen Aufwendungen und Erträgen in der Gewinn- und Verlustrechnung entspricht dagegen der Gewinn- oder Verlustermittlung durch Erfolgskonten. Die Ergebnisse von Inventurbilanz und Gewinn- und Verlustrechnung müssen übereinstimmen, wenn richtig gebucht wurde.

Merke:
Die Betriebsübersicht ermöglicht eine vorbereitende Kontrolle für den Jahresabschluß und dient der besseren Information der Betriebsleitung.

Aufgaben:

64 Erstellen Sie aufgrund der Saldenbilanz I die Betriebsübersicht!

Konten	Soll	Haben
012 Geschäftsgebäude	164000,— DM	
06 Einrichtung	139000,— DM	
15 Kasse	12480,— DM	
156 Vorsteuer	16120,— DM	
16 Bank	22500,— DM	
186 Mehrwertsteuer		38430,— DM
195 Privat	28500,— DM	
202 Lebensmittel	86170,— DM	
203 Getränke	112440,— DM	
24 Forderungen	19000,— DM	
30 Eigenkapital		300620,— DM
43 Verbindlichkeiten		17150,— DM
501 Beherbergungsumsatz		161450,— DM
502 Speisenumsatz		136200,— DM
503 Getränkeumsatz		172100,— DM
506 Sonstige Umsatzerlöse		58130,— DM
51 Skontoerträge		740,— DM
602 Lebensmittelkosten	28700,— DM	
62 Personalkosten	168480,— DM	
64 Energiekosten	38370,— DM	
65 Betriebsteuern	5560,— DM	
679 Sonstige Verwaltungskosten	23220,— DM	
72 Instandhaltungskosten	16930,— DM	
75 Zinsen für Fremdkapital	3350,— DM	
	884820,— DM	884820,— DM

Abschlußangabe:

Getränkebestand laut Inventur 33700,— DM

65 Erstellen Sie aufgrund der folgenden Summenbilanz die Betriebsübersicht!

Konten	Soll	Haben
012 Geschäftsgebäude	247 100,— DM	
06 Einrichtung und Kraftfahrzeuge	41 800,— DM	20 800,— DM
13 Besitzwechsel	4 200,— DM	
15 Kasse	126 760,— DM	124 370,— DM
156 Vorsteuer	3 510,— DM	
16 Bank	48 520,— DM	31 100,— DM
186 Mehrwertsteuer	18 390,— DM	31 430,— DM
195 Privat	19 400,— DM	
202 Lebensmittel	32 450,— DM	25 270,— DM
203 Getränke	36 790,— DM	520,— DM
24 Forderungen	9 330,— DM	7 980,— DM
30 Eigenkapital		36 930,— DM
41 Darlehen	3 200,— DM	105 000,— DM
43 Verbindlichkeiten	17 880,— DM	21 170,— DM
44 Schuldwechsel		6 700,— DM
501 Beherbergungsumsatz		80 200,— DM
502 Speisenumsatz		102 600,— DM
503 Getränkeumsatz		95 300,— DM
506 Sonstige Umsatzerlöse		27 520,— DM
602 Lebensmittelkosten	24 420,— DM	
62 Personalkosten	43 580,— DM	
64 Energiekosten	16 930,— DM	
65 Betriebsteuern	2 100,— DM	
662 Kraftfahrzeugkosten	14 900,— DM	
672 Bürobedarf	2 300,— DM	
72 Instandhaltung	1 400,— DM	
75 Zinsen für Fremdkapital	1 930,— DM	
	716 890,— DM	716 890,— DM

Abschlußangabe:

Getränkeendbestand laut Inventur 7 350,— DM

66 Erstellen Sie aufgrund der folgenden Saldenbilanz I die Betriebsübersicht!

Konten	Soll	Haben
012 Geschäftsgebäude	210000,— DM	
06 Einrichtung	125000,— DM	
15 Kasse	16750,— DM	
156 Vorsteuer	13240,— DM	
186 Mehrwertsteuer		51330,— DM
195 Privat	36000,— DM	
202 Lebensmittel	77870,— DM	
203 Getränke	105160,— DM	
24 Forderungen	9400,— DM	
30 Eigenkapital		358020,— DM
43 Verbindlichkeiten		11470,— DM
501 Beherbergungsumsatz		144300,— DM
502 Speisenumsatz		165100,— DM
503 Getränkeumsatz		152700,— DM
602 Lebensmittelkosten	24800,— DM	
62 Personalkosten	187480,— DM	
622 Gesetzliche soziale Leistungen	35500,— DM	
641 Strom	9290,— DM	
642 Gas	3200,— DM	
643 Wasser	6490,— DM	
644 Heizung	17330,— DM	
653 Gewerbesteuer	2780,— DM	
654 Grundsteuer	2630,— DM	
	882920,— DM	882920,— DM

Abschlußangabe:

Getränkeendbestand laut Inventur 29700,— DM

7.2 Bewertung des Vermögens

7.2.1 Bewertung des Anlagevermögens

7.2.1.1 Wesen und Aufgaben der Abschreibung

Im Hotel- und Gaststättengewerbe sind oft sehr hohe Investitionen erforderlich. Für diese wird eine Lebensdauer zwischen 3 Jahren (z.B. Unterhaltungsautomaten) und 20 Jahren (z.B. hochwertige Gemälde) veranschlagt. Bei der Beschaffung des Anlagevermögens ergeben Bewertung und Buchung keine Probleme.

Beispiel:

06 Einrichtung	2000,— DM		
+ 156 Vorsteuer	280,— DM	an 16 Bank- und Postgiroguthaben	2280,— DM

Bereits nach einem Jahr ist dieser Einrichtungsgegenstand jedoch neu zu bewerten. Durch Verschleiß oder Modeschwankungen können inzwischen Wertminderungen eingetreten sein. Deshalb sind im Handelsrecht und im Steuerrecht Bewertungsvorschriften ergangen. Aufgrund dieser wird die Wertminderung in Form von Abschreibungen erfaßt.

7.2.1.2 Abschreibungsmethoden

Bleibt die jährliche Abschreibungsquote konstant (z.B. 10% des Anschaffungswertes), dann spricht man von **linearer Abschreibung.**

Beispiel:

Ein Bieraufzug wird für 12000,— DM installiert. Die Nutzungsdauer beträgt 10 Jahre, der jährliche Abschreibungssatz also $\frac{100\,\%}{10} = 10\,\%$.

Der abzuschreibende Betrag beläuft sich bei linearer Abschreibung auf jährlich 10% von 12000,— DM = **1200,— DM.**

Ändert sich die jährliche Abschreibungsquote dagegen, so daß sich der Abschreibungsbetrag von Jahr zu Jahr verringert (z.B. 20% vom jeweiligen Restbuchwert), dann handelt es sich um die **degressive Abschreibung.**

Vergleich zwischen linearer und degressiver Abschreibung:*

Abschreibungsobjekt: Bieraufzug — Abschreibungssatz linear: 10%
Anschaffungswert: 12000,— DM — Abschreibungssatz degressiv: 20%

Jahr	*Abschreibung linear*	Restwert	*Abschreibung degressiv*	Restwert
1.	1200,— DM	10800,— DM	2400,— DM	9600,— DM
2.	1200,— DM	9600,— DM	1920,— DM	7680,— DM
3.	1200,— DM	8400,— DM	1536,— DM	6144,— DM
4.	1200,— DM	7200,— DM	1229,— DM	4915,— DM
5.	1200,— DM	6000,— DM	983,— DM	3932,— DM
6.	1200,— DM	4800,— DM	786,— DM	3146,— DM
7.	1200,— DM	3600,— DM	629,— DM	2517,— DM
8.	1200,— DM	2400,— DM	504,— DM	2013,— DM
9.	1200,— DM	1200,— DM	403,— DM	1610,— DM
10.	1200,— DM	1,— DM (Erinnerungswert)	322,— DM	1288,— DM

* z.Z. beträgt der steuerlich zulässige Prozentsatz der degressiven Abschreibung das Zweieinhalbfache der linearen Abschreibung, höchstens aber 25%.

7.2.1.3 *Buchhalterische Abschreibungsverfahren*

Abschreibungen sind anlagebedingte Kosten. Sie werden auf Konto 73 AfA (Abschreibung für Abnutzung) gebucht. Die Gegenbuchung erfolgt bei der **direkten Abschreibung** auf dem betreffenden Anlagekonto (z.B. 05 Maschinen und maschinelle Anlagen).

Buchung: 73 AfA an 05 Maschinen, maschinelle Anlagen

Die direkte Abschreibung hat den Nachteil, daß aus der Bilanz weder der ursprüngliche Anschaffungswert, noch die Höhe der bisherigen Abschreibungen ersichtlich sind. Deshalb wurde ein zweites buchhalterisches Abschreibungsverfahren entwickelt, die **indirekte Abschreibung.** Hier erfolgt die Habenbuchung nicht – wie bei der direkten Abschreibung – auf dem Anlagekonto. Auf diesem bleibt der Anschaffungswert erhalten. Stellvertretend für das Anlagekonto wird vielmehr zunächst auf das Konto **35 Wertberichtigungen zu Sachanlagen** gebucht.

Buchung: 73 AfA an 35 Wertberichtigungen zu Sachanlagen

Das Konto 35 erscheint am Jahresende zur Berichtigung des Anlagevermögens auf der Passivseite der Schlußbilanz.

Buchung: 35 Wertberichtigungen zu Sachanlagen an 89 Schlußbilanz

Das Konto 35 Wertberichtigungen zu Sachanlagen ist jetzt wieder ausgeglichen.

Nach einigen Jahren ist schließlich das indirekt abgeschriebene Objekt außer Betrieb, so daß das Konto 35 aufgelöst werden soll.

Buchung: 35 Wertberichtigungen zu Sachanlagen an 05 Maschinen, maschinelle Anlagen

Jetzt ist die Maschine auf dem Konto 05 vollständig abgeschrieben. Falls sie trotzdem noch verwendet wird, könnte man in der Schlußbilanz einen „Erinnerungsposten" von 1,— DM stehen lassen.

Merke:

1. Abschreibungen sind Kosten.
2. Entsprechend der Abschreibungshöhe unterscheidet man die degressive und die lineare Abschreibung. Bei der direkten und der indirekten Abschreibung handelt es sich um buchhalterische Abschreibungsverfahren.

Aufgabe:

67
1. Die Teigknetmaschine des Cafés „Waldesruh" hatte 2500,— DM gekostet. Der Abschreibungssatz beträgt linear 10%, degressiv 25%. Stellen Sie für beide Fälle den Restwert nach 5 Jahren fest!
2. Eine Speiseeismaschine wurde 4 Jahre lang mit jeweils 17% linear abgeschrieben. Am Ende des 4. Jahres wird sie mit 1792,— DM in der Bilanz aufgeführt. Wie hoch war ihr Anschaffungswert?
3. Ermitteln Sie anhand der Nutzungsdauer die lineare Abschreibung: Bar-Theke 6 Jahre; Fernsehgerät 4 Jahre; Tennisanlage 15 Jahre.

4. Der Besitzer des Gartenrestaurants „Zum Bergvagabunden" installiert eine Infrarotheizung auf seiner Terrasse. Der Hersteller gibt eine Nutzungsdauer von 5200 Betriebsstunden an. Die Anschaffungskosten belaufen sich auf 20000,— DM. Wie hoch ist der Wertverlust der Anlage linear nach drei Jahren, wenn im Jahr mit 80 Betriebstagen zu je 5 Stunden gerechnet wird?
5. Welches sind die Vor- und Nachteile der linearen bzw. degressiven Abschreibungsmethode?

7.2.1.4 Verkauf von Anlagen

Manchmal werden bestimmte Gegenstände des Anlagevermögens (wie z.B. Kraftfahrzeuge) nicht – wie in oben gezeigtem Beispiel – vollständig abgeschrieben, sondern schon vorher wieder verkauft. In diesem Fall muß auch berücksichtigt werden, daß der Verkauf umsatzsteuerpflichtig ist.

Buchung: 15 Kasse an { 06 Einrichtung, Betriebs- und Geschäftsausstattung, Kraftfahrzeuge
+ 186 Mehrwertsteuer }

Stimmen beim Verkauf von Anlagegütern – was sehr oft der Fall ist – Erlös und Buchwert nicht überein, so entstehen außerordentliche Aufwendungen oder außerordentliche Erträge.

Beispiel 1:

Der Verkaufspreis bleibt unter dem Buchwert:

Buchung: { 15 Kasse
+ 799 Sonstige Aufwendungen } an { 06 Einrichtung, Betriebs- und Geschäftsausstattung, Kraftfahrzeuge
+ 186 Mehrwertsteuer }

Beispiel 2:

Der Verkaufswert liegt über dem Buchwert:

Buchung: 15 Kasse an { 06 Einrichtung, Betriebs- und Geschäftsausstattung, Kraftfahrzeuge
+ 186 Mehrwertsteuer
+ 587 sonstige Erträge }

Aufgabe:

68 **Anfangsbestände:**

022	Wohngebäude	120000,— DM
06	Einrichtung, Betriebs- und Geschäftsausstattung, Kraftfahrzeuge	60000,— DM
15	Kasse	5400,— DM
16	Bank- und Postgiroguthaben	12600,— DM
20	Warenvorräte	15300,— DM
30	Eigenkapital	130000,— DM
43	Verbindlichkeiten aus Lieferungen und Leistungen	3300,— DM
45	Verbindlichkeiten gegenüber Kreditinstituten mit einer Laufzeit bis zu vier Jahren	80000,— DM
50	Umsatzerlöse (und Erlösberichtigungen)	140000,— DM
60	Warenkosten	60000,— DM
62	Personalkosten	50000,— DM
64	Energiekosten	7400,— DM
66	Sonstige Betriebs- und Verwaltungskosten	3200,— DM
67	Sonstige Betriebs- und Verwaltungskosten	500,— DM

Kontenplan:

022, 06, 15, 156, 16, 186, 20, 30, 35, 43, 50, 60, 673, 73, 81

Eröffnen Sie die Konten und buchen Sie die folgenden Geschäftsfälle:

1. Tageskasse 900,— DM.
2. Wareneinkauf auf Ziel 6500,— DM + MWSt (voller Steuersatz).
3. Barzahlung von Fracht und Rollgeld insgesamt 85,— DM + MWSt (voller Steuersatz).
4. Rücksendung zuviel gelieferter Ware 500,— DM + MWSt (voller Steuersatz).
5. Barkauf einer elektrischen Schreibmaschine 1200,— DM + MWSt (voller Steuersatz).
6. Zahlung der ER 712 über 6660,— DM durch Banküberweisung.
7. Zahlung der Telefonrechnung durch die Bank 180,— DM.

Abschlußangaben:

Warenendbestand 20	16000,— DM
Abschreibungen auf 022	1 % direkt
Abschreibungen auf 06	20 % direkt

7.2.2 Bewertung des Umlaufvermögens

7.2.2.1 Bewertung der Vorräte

Bei der Inventur sind auch die Warenvorräte (Kontonummer 20), die hergestellten Halb- und Fertigerzeugnisse (Kontonummer 21) und Hilfs- und Betriebsstoffvorräte (Kontonummer 22) zu bewerten. Für die Bewertung des **Umlaufvermögens** gilt das **Niederstwertprinzip.** Der Warenvorrat darf also höchstens zum Anschaffungs- oder Herstellwert bzw. zum niedrigeren Wiederbeschaffungswert in der Bilanz angesetzt werden. Ein Warengewinn darf dann ausgewiesen werden, wenn er beim Verkauf tatsächlich erzielt worden ist. Aus diesem Grunde erfolgt die Bewertung der Waren in der Regel zum **Nettoeinstandspreis** (Nettoeinkaufspreis + Bezugskosten). Falls durch Lagerung Wertminderungen entstehen, ist die fachlich übliche Abschreibung vorzunehmen.

Beispiel:

Auf Handelsware ist die direkte Abschreibung vorzunehmen!

Buchung: 666 Abschreibungen und Wertminderungen Umlaufvermögen
an 204 Sonstige Warenvorräte

7.2.2.2 Geringwertige Wirtschaftsgüter

Nach § 6 (2) des Einkommensteuergesetzes sind die Anschaffungs- und Herstellungskosten sogenannter **„Geringwertiger Wirtschaftsgüter“**, sofern sie 800,— DM (ohne MWSt) nicht überschritten haben, als Betriebsausgaben voll absetzbar. Sie werden deshalb bei der Begleichung der Rechnung als Aufwendungen gebucht. Damit das Finanzamt eine Kontrolle hat, ist hierfür ein eigenes Konto (735 Geringwertige Wirtschaftsgüter) vorgesehen.

Beispiel:

Kauf einer Schreibmaschine (zum Preis von 798,— DM) bar.

Buchung: 735 Geringwertige Wirtschaftsgüter
+ 156 Vorsteuer } an 15 Kasse

7.2.2.3 *Bewertung von Forderungen*

Da im Hotel- und Gaststättengewerbe selten Verkäufe auf Ziel vorgenommen werden, kommt eine Wertberichtigung auf Forderungen nicht oft vor. Falls eine Forderung jedoch **zweifelhaft** oder **uneinbringlich** werden sollte, darf sie nicht mit den einwandfreien Forderungen gemeinsam auf einem Konto erscheinen (Prinzip der Bilanzklarheit!).

Beispiel 1:

Über das Vermögen eines Hotelgastes soll ein Vergleichsverfahren eröffnet werden. Die Forderung wird deshalb zweifelhaft (dubios).

Buchung: 253 Dubiose Forderungen an 24 Forderungen aus Lieferungen und Leistungen

Beispiel 2:

Der Hotelier erhält 14 Tage später die Mitteilung, daß die Forderung des Gastes uneinbringlich ist und daher vollständig ausfällt.

Buchung: 666 Abschreibungen und Wertminderung Umlaufvermögen
\+ 186 Mehrwertsteuer an 253 Dubiose Forderungen

7.2.2.4 *Bewertung von ausländischen Geldsorten, Schecks, Wechseln und Wertpapieren*

Für **ausländische Geldsorten** kann der Kurswert am Bilanzstichtag eingesetzt werden, falls er niedriger ist als die in DM umgerechneten Anschaffungskosten. **Schecks und Besitzwechsel** sind grundsätzlich mit dem Nennwert einzusetzen. Für Inkassospesen und Diskont kann bei Wechseln ähnlich wie bei Forderungen eine Wertberichtigungsbuchung vorgenommen werden.

Wertpapiere (Aktien, Obligationen usw.) sind, falls sie zum Betriebsvermögen gehören, mit den Anschaffungskosten oder dem Börsenkurs am Bilanzstichtag zu bewerten, falls dieser niedriger ist.

Merke:
Nach dem „Niederstwertprinzip" ist das Umlaufvermögen mit seinem „wahrscheinlichen" Wert in der Bilanz anzusetzen.

Fällig am 1. Juli 1978 DM 1000.- (2.4.)

MUSTER MUSTER

SPARKASSE ÜBERALL

Mündelsichere Anstalt des öffentlichen Rechts

SPARKASSENBRIEF

Namensschuldverschreibung

zu 8 3/4 %

Nr. 0000000

ÜBER EINTAUSEND DEUTSCHE MARK

DM **1000** DM

Wir zahlen an Herrn Hermann Renz, 9000 Überall, Beethovenstraße 27
gegen Rückgabe dieser Urkunde am 1. Juli 1978 Eintausend DM.
Die Zinsen werden halbjährlich dem Sparkonto 123 345 567 - lautend auf den Namen Hermann Renz - gutgeschrieben.

Die Schuldverschreibung ist beiderseits unkündbar. Soweit der Schuldnerin ein vertraglich nicht auszuschließendes gesetzliches Kündigungsrecht (§ 247 BGB) zusteht, wird sie von diesem Kündigungsrecht gleichwohl keinen Gebrauch machen.

Der Anspruch aus dieser Urkunde verjährt, wenn sie nicht binnen zehn Jahren nach Eintritt der Fälligkeit zur Einlösung vorgelegt wird.

Die Schuldverschreibung ist nur gültig, wenn sie von zwei Zeichnungsberechtigten der Schuldnerin eigenhändig unterschrieben ist.

Erfüllungsort und Gerichtsstand für alle Leistungen aus dieser Schuldverschreibung ist der Sitz der Schuldnerin.

Überall, den 2. Juli 1973

SIEGEL

Sparkasse Überall

(Zwei Unterschriften)

Aufgaben:

69 Erstellen Sie aus der folgenden Summenbilanz die Betriebsübersicht!

Konten	Soll	Haben
012 Geschäftsgebäude	170000,— DM	
06 Einrichtung	74600,— DM	4800,— DM
061 Kraftfahrzeuge	55000,— DM	6000,— DM
15 Kasse	48200,— DM	39990,— DM
156 Vorsteuer	2600,— DM	
16 Bank	68400,— DM	61200,— DM
186 Mehrwertsteuer	2000,— DM	4900,— DM
195 Privat	21500,— DM	
202 Lebensmittel	132510,— DM	
203 Getränke	91500,— DM	
24 Forderungen	16900,— DM	14100,— DM
30 Eigenkapital		245370,— DM
41 Hypotheken		44000,— DM
43 Verbindlichkeiten	9900,— DM	26600,— DM
501 Beherbergungsumsatz		202800,— DM
502 Speisenumsatz		99600,— DM
503 Getränkeumsatz		154900,— DM
602 Lebensmittelkosten	48740,— DM	
62 Personalkosten	130000,— DM	
679 Sonstige Verwaltungskosten	24600,— DM	
72 Instandhaltung	4700,— DM	
73 Abschreibungen		
75 Zinsen für Fremdkapital	3110,— DM	
	904260,— DM	904260,— DM

Abschlußangaben:

Abschreibung auf 012 2 % von 180000,— DM
Abschreibung auf 06 5 % von 90000,— DM
Abschreibung auf 061 25 % vom Restwert
Getränkeendbestand laut Inventur 31300,— DM

70 Erstellen Sie aufgrund der folgenden Saldenbilanz I die Betriebsübersicht!

Konten	Soll	Haben
01 Geschäftsgebäude	180000,— DM	
06 Einrichtung	72400,— DM	
061 Kraftfahrzeuge	60000,— DM	
15 Kasse	9300,— DM	
156 Vorsteuer	1700,— DM	
16 Bank	7200,— DM	
186 Mehrwertsteuer		2770,— DM
195 Privat	19500,— DM	
202 Lebensmittel	130560,— DM	
203 Getränke	90600,— DM	
24 Forderungen	2900,— DM	
30 Eigenkapital		288690,— DM
41 Darlehensschulden		30000,— DM
43 Verbindlichkeiten		14700,— DM
501 Beherbergungsumsatz		213500,— DM
502 Speisenumsatz		98700,— DM
503 Getränkeumsatz		140800,— DM
602 Lebensmittelkosten	49800,— DM	
62 Personalkosten	133600,— DM	
679 Sonstige Verwaltungskosten	23500,— DM	
72 Instandhaltung	5500,— DM	
73 Abschreibungen		
75 Zinsaufwand für Fremdkapital	2600,— DM	
	789160,— DM	789160,— DM

Abschlußangaben:

Abschreibungen auf Gebäude 1,5 %
Abschreibungen auf Geschäftsausstattung 5 % von 100000,— DM
Abschreibungen auf Fuhrpark 25 % vom Restwert
Getränkeendbestand laut Inventur 30400,— DM

Fragen zur Übung und Wiederholung

1. Welche beiden Nachteile der Bilanz werden durch die Betriebsübersicht gemildert?
2. Zählen Sie einige wichtige, häufig vorkommende Umbuchungen auf!
3. Nennen Sie einige Gegenstände des Anlagevermögens im Hotel- und Gaststättengewerbe, die entsprechend ihrer Lebensdauer eine geringe jährliche Abschreibungsquote haben!
4. Erläutern Sie die aus der Steuerlehre stammende Abkürzung „AfA“!
5. Erklären Sie den Unterschied zwischen „linearer“ und „degressiver“ Abschreibung!
6. Welchen Nachteil hat die „direkte“ Abschreibung gegenüber der „indirekten“ Abschreibung?
7. Was versteht man unter einem „Erinnerungsposten“?

8. Erläutern Sie den Begriff „Niederstwertprinzip"!
9. Warum hat der Gesetzgeber im Einkommensteuergesetz den Begriff „geringwertige Wirtschaftsgüter" eingeführt?
10. Wann ist eine Forderung „dubios"?
11. Wie werden ausländische Geldsorten am Bilanzstichtag bewertet?

7.3 Bewertung des Erfolges

7.3.1 Zeitliche Abgrenzung

7.3.1.1 Aktive Rechnungsabgrenzung

Nach dem Grundsatz der Bilanzwahrheit sind Aufwand und Ertrag nicht dem Zeitraum zuzurechnen, in dem sie anfallen, sondern vielmehr dem Zeitraum, zu dem sie gehören.

Angenommen, der Pächter des Hotels „Rheinterrasse", Herr Loose, hat am 1. August 1977 die Jahresprämie für die „Betriebsunterbrechungsversicherung" in Höhe von 12000,— DM bezahlt. Die Buchung am 01.08.77 lautete:

656 Versicherungen 12000,-- DM
an 16 Bank- u. Postgiroguthaben 12000,— DM

Die Versicherungsprämie betrifft jedoch in Höhe von 7000,— DM das Jahr 1978. Deshalb hat Herr Loose am 31.12.1977 eine Korrekturbuchung vorzunehmen.

Buchung im alten Jahr:

28 Aktive Rechnungsabgrenzung 7000,— DM
an 636 Versicherungen 7000,— DM

Somit ist der zunächst zu hohe Versicherungsaufwand für das Jahr 1977 berichtigt. Das Konto 656 weist als Saldo nur die tatsächlich auf das Jahr 1977 entfallende Prämie in Höhe von 5000,— DM aus. Das Konto 28 wird im Jahre 1978 aufgelöst.

Buchung im neuen Jahr:

656 Versicherungen 7000,— DM
an 28 Aktive Rechnungsabgrenzung 7000,— DM

Jetzt ist auch die auf das Jahr 1978 entfallende Prämie richtig abgegrenzt.

Merke:
Aktive Rechnungsabgrenzung: Ausgabe im alten Jahr – Aufwand im neuen Jahr.

7.3.1.2 Passive Rechnungsabgrenzung

Von passiven Posten der Jahresrechnung spricht man, wenn ein Ertrag im alten Jahr gebucht wird, aber ganz oder teilweise in das neue Jahr gehört.

Beispiel:

Herr Loose hat außerhalb der Saison – für die Zeit vom 1. Dezember bis zum 28. Februar des folgenden Jahres – eine Zimmerflucht fest vermietet. Die Vierteljahresmiete in Höhe von 6000,— DM wurde im alten Jahr im voraus bezahlt.*

Buchung: Die Monatsmiete beträgt 6 000,— DM : 3 = 2000,— DM.
2000,— DM betreffen damit das alte Jahr und 4 000,— DM das neue Jahr.

1. **Buchung bei Zahlungseingang:**
   16 Bank- und Postgiroguthaben 6000,— DM an 501 Beherbergungsumsatz 6 000,— DM
2. **Buchung am 31. 12. des alten Jahres:**
   501 Beherbergungsumsatz 4000,— DM an 48 Passive Rechnungsabgrenzung 4 000,— DM
3. **Buchung im neuen Jahr:**
   48 Passive Rechnungsabgrenzung 4 000,— DM an 501 Beherbergungumsatz 4 000,— DM

Merke:
Passive Rechnungsabgrenzung: Einnahme im alten Jahr – Ertrag im neuen Jahr.

7.3.1.3 Sonstige Forderungen

Das Finanzkonto (15 Kasse, 16 Bank- und Postgiroguthaben usw.) wird bei der aktiven und passiven Rechnungsabgrenzung **im alten Jahr** angesprochen. Wird erst **im neuen Jahr** auf dem Finanzkonto gebucht, dann spricht man von **„Sonstigen Forderungen"** bzw. **„Sonstigen Verbindlichkeiten"**.

Falls Einnahmen im neuen Jahr Erträge, die im alten Jahr angefallen sind, betreffen, handelt es sich um sonstige Forderungen.

Beispiel:

Am 15. Januar erhält die Wirtin des Gasthauses „Zum goldenen Lamm" von ihrer Bank eine Zinsgutschrift für das abgelaufene Jahr in Höhe von 200,— DM.

Buchung am 31. 12. des alten Jahres:

254 Sonstige Forderungen 200,— DM an 54 Sonstige Zinsen u. ähnliche Erträge 200,— DM

Buchung bei Zahlungseingang am 15. Januar des neuen Jahres:

15 Kasse 200,— DM an 254 Sonstige Forderungen 200,— DM

7.3.1.4 Sonstige Verbindlichkeiten

Falls Ausgaben im neuen Jahr Aufwendungen, die im alten Jahr angefallen sind, betreffen, handelt es sich um sonstige Verbindlichkeiten.

Beispiel:

Am 15. Januar zahlt die Wirtin des Gasthauses „Zum goldenen Lamm" durch Banküberweisung die Pacht für den Monat Dezember des Vorjahres in Höhe von 2 000,— DM.

Buchung am 31. 12. des alten Jahres:

70 Mieten und Pachten 2 000,— DM an 475 Sonstige Verbindlichkeiten 2 000,— DM

Buchung bei Zahlung am 15. Januar des neuen Jahres:

475 Sonstige Verbindlichkeiten 2 000,— DM
an 16 Bank- und Postgiroguthaben 2 000,— DM

* In diesem Beispiel wurde von der Berechnung und Buchung der MWSt abgesehen.

Aufgabe:

71 Buchen Sie die folgenden Geschäftsvorfälle:

1. Die Bezugskosten der Zeitschriften für Gästeunterhaltung (Monat Januar in Höhe von 85,— DM) werden am 20. Dezember des alten Jahres bar bezahlt.
2. Die Pacht für das 4. Quartal des alten Jahres in Höhe von 9000,— DM wird am 10. Januar bezahlt.
3. Die Gebäudeversicherung für das Gästehaus „St. Barbara" in Höhe von 800,— DM wird am 15. Dezember für das kommende Jahr durch Banküberweisung beglichen.
4. Die Versicherung des Geschäftswagens in Höhe von 600,— DM wird am 15. Dezember für ein Jahr im voraus durch Scheck bezahlt.
5. Die für die Erweiterung des Cafés „Kinzigblick" angefallenen Hypothekenzinsen in Höhe von 800,— DM für die zweite Hälfte des vergangenen Jahres werden erst am 30. Januar bar bezahlt.

7.3.2 Rückstellungen und Rücklagen

7.3.2.1 Rückstellungen

Für die Instandhaltung von Geschäftsgebäuden, Pensionszahlungen an Angestellte, Steuern oder laufende Prozesse können für den Hotel- und Gastwirt größere Belastungen entstehen. **Die genaue Höhe und Fälligkeit dieser Ausgaben ist allerdings meist ungewiß.** In diesen Fällen spricht man von Rückstellungen. Pensionsrückstellungen werden auf dem Konto 38, andere Rückstellungen auf dem Konto 39 gebucht.

Merke:
Verbindlichkeiten, die dem Grunde nach bereits im alten Jahr feststehen, deren genaue Höhe und Fälligkeit jedoch unbekannt ist (Rückstellungen), müssen geschätzt und als Aufwendungen im alten Jahr gebucht werden.

Beispiel:

Der Pächter des Kurhotels „Moselblick", Herr Schubert, hat einen Prozeß mit dem Eigentümer einer Werkstatt auf dem Nachbargrundstück. Dieser Nachbar hatte seine Werkstatt vergrößert und Maschinen gekauft, die erheblichen Lärm verursachen, so daß im Kurhotel „Moselblick" die Gäste kündigten. Die Gerichtskosten und das Anwaltshonorar schätzt Herr Schubert auf 6000,— DM. Dauer und Ergebnis des Prozesses stehen noch nicht fest.*

Buchung am 31. 12. des alten Jahres

671 Rechts- u. Beratungskosten 6000,— DM an 39 Andere Rückstellungen 6000,— DM

Buchung bei Zahlung im neuen Jahr:

39 Andere Rückstellungen an 671 Rechts- und Beratungskosten

Da der Betrag von 6000,— DM nur geschätzt war, könnte sich im neuen Jahr herausstellen, daß die gebildete Rückstellung zu hoch oder zu niedrig war.

Beispiel 1:

Im neuen Jahr wird der Rechtsstreit abgeschlossen. Es zeigt sich, daß die Prozeßkosten nur 3500,— DM betragen.

Buchung: 39 Andere Rückstellungen 6000,— DM	an		16 Bank- und Postgiroguthaben 3500,— DM
		+	57 Erträge aus der Auflösung von Rückstellungen 2500,— DM

Beispiel 2:

Die Rückstellungen waren zu niedrig angesetzt. Die Kosten für Gericht und Anwaltshonorar belaufen sich auf 7500,— DM.

Buchung:	39 Andere Rückstellungen 6000,— DM	an	16 Bank- und Postgiroguthaben 7500,— DM
+	799 Sonstige Aufwendungen 1500,— DM		

Merke:
Rückstellungen werden gebildet, um die Zahlungsfähigkeit des Betriebes zu sichern und damit auch die Gläubiger zu schützen. Außerdem ermöglicht die Bildung von Rückstellungen eine zeitlich genaue Abgrenzung des Unternehmenserfolges.

7.3.2.2 Rücklagen

Großbetriebe des Hotel- und Gaststättengewerbes, die die Unternehmensform der Aktiengesellschaft haben, sind entsprechend dem Aktiengesetz verpflichtet, einen Teil des Gewinns auf ein „Rücklagenkonto" zu buchen. Man spricht dann von „gesetzlichen Rücklagen" (Kontonummer 31). **Diese dienen der Erhaltung und**

* In diesem Beispiel wurde von der Berechnung und Buchung der Vorsteuer (für Rechtsanwaltshonorar) abgesehen.

8 Marzluf/Gehring – ISBN 3-8120-0279-5

Sicherung des Eigenkapitals für den Fall späterer Jahresverluste. Falls der Betrieb darüber hinaus Rücklagen bildet, spricht man von „freien Rücklagen" (Kontonummer 32).

Aufgaben:

72 Welche Buchungen sind a) am 31.12. und b) im neuen Geschäftsjahr vorzunehmen?

1. Die Stromrechnung für das letzte Vierteljahr in Höhe von 1200,— DM zuzüglich MWSt steht noch aus.
2. Für die Wartung unserer Maschinen überweisen wir pauschal vierteljährlich nachträglich 450,— DM zuzüglich MWSt. Die letzte Überweisung erfolgte am 01.10.
3. Für eine vermietete Werbefläche am Gebäude erhielten wir am 28.12. 350,— DM Miete für das 1. Quartal des folgenden Jahres.
4. Für eine Hypothekenschuld in Höhe von 80000,— DM zahlen wir 8% Zinsen. Die Abrechnung erfolgt halbjährlich nachträglich. Wir überweisen die Zinsen für das zweite Halbjahr im Januar des folgenden Jahres.
5. Die Bank schreibt Zinsen für das zweite Halbjahr in Höhe von 450,— DM erst im Januar gut.
6. Der Inhaber des Cafés „Wien" überweist am 26.08. die Kfz-Versicherung über 320,— DM für die Zeit vom September des laufenden Jahres bis zum Februar des kommenden Jahres.
7. Der Wirt des Hotels garni „Post" überweist am 28.11. die Vierteljahresmiete für einen Buchungsautomaten für die Monate Dezember des laufenden Jahres bis Februar des nächsten Jahres in Höhe von 1500,— DM.
8. Der Buchhalter des Apparthotels „Zur goldenen Stadt" hat am 01.04. ein Grundstück für eine Jahrespacht von 3600,— DM abgegeben. Die Zahlung erfolgt nachträglich durch Banküberweisung.

73 Welche Buchungen sind a) am 31.12. und b) im neuen Geschäftsjahr vorzunehmen?

1. Im November wurde in unserem Haus eine Reparatur durch den Elektriker ausgeführt. Die Rechnung über 1400,— DM + MWSt steht noch aus.
2. Der Wirt des Hotels „Zum Schützen" verpachtet ein Grundstück und erhält dafür vierteljährlich 800,— DM Pacht. Die Überweisung für das 4. Quartal ist erst im Januar zu erwarten.
3. Ein Gastwirt überweist jeweils am 01.03. und 01.09 für das vorangegangene Halbjahr 8% Zinsen für seine Hypothekenschuld über 80000,— DM.
4. Am 01.05. und 01.11. werden jeweils für das vorhergehende Halbjahr 9% Zinsen für eine Hypothekenschuld über 50000,— DM überwiesen.
5. Am 28.12. überweisen wir für eine Fachzeitschrift die Bezugsgebühr für die ersten drei Monate des folgenden Jahres über 90,— DM zuzüglich MWSt.
6. Der Pächter des Restaurants „Weinstüble" hat ein Grundstück als Lagerplatz verpachtet. Am 25.12. gehen auf dem Bankkonto 1500,— DM Pacht für die erste Hälfte des folgenden Geschäftsjahres ein.
7. Der Kostenvoranschlag für eine im laufenden Geschäftsjahr vorgesehene Instandhaltungsarbeit am Hotelgebäude beträgt 15000,— DM. Wir überweisen am 25.04. den Rechnungsbetrag über 15000,— DM durch die Bank.

74 Welche Buchungen sind a) am 31.12. und b) im neuen Geschäftsjahr vorzunehmen?

1. Unser Beitrag für den Hotel- und Gaststättenverband beläuft sich für das zweite Halbjahr auf 400,— DM. Dieser Betrag wird erst im Januar des folgenden Jahres überwiesen.

2. Ein Gastwirt vermietet Geschäftsräume und erhält dafür monatlich 1250,— DM. Die Dezembermiete wird erst im Januar des folgenden Geschäftsjahres durch Banküberweisung gezahlt.
3. Der Pächter des Restaurants „Weinstüble“ gewährt am 01.10. dem Chef de Cuisine ein Darlehen über 4000,— DM. Zinsfuß $7\ ^1/_2$%. Die Zinsen werden halbjährlich nachträglich überwiesen.
4. Der Inhaber des Cafés „Wien“ hat am 01.10. einen Weinkeller gemietet. Die Halbjahresmiete in Höhe von 1920,— DM wird jeweils nachträglich durch die Bank überwiesen.
5. Der Wirt des Hotels garni „Post“ rechnet mit einer Restzahlung über 400,— DM an die Berufsgenossenschaft für die Unfallversicherung des vergangenen Geschäftsjahres. Die Jahresabrechnung der Berufsgenossenschaft weist am 27.01. einen Restbetrag von 440,— DM aus, den wir durch die Bank überweisen.
6. Aufgrund des gestiegenen Gewinns rechnen wir mit einer Gewerbesteuernachzahlung in Höhe von 1500,— DM für das alte Geschäftsjahr. Der Steuerbescheid, den wir im neuen Jahr erhalten, weist eine Gewerbesteuernachzahlung von 1400,— DM aus. Wir überweisen den Betrag durch die Bank.
7. Der Buchhalter des Apparthotels „Zur goldenden Stadt“ hat einem Geschäftsfreund ein Darlehen über 5000,— DM zum Zinsfuß von 7% gewährt. Der Geschäftsfreund überweist am 31.10. die Zinsen für das folgende Halbjahr im voraus.
8. Der Wirt des Hotels „Zum Schützen“ überweist am 28.12. die Hypothekenzinsen für das 1. Quartal des folgenden Jahres. Die Hypothekenschuld beträgt 50000,— DM, der Zinsfuß 8%.

75 Welche Buchungen sind a) am 31.12. und b) im neuen Geschäftsjahr vorzunehmen?

1. Ein Gastwirt hat ein Grundstück als Parkplatz für seine Gäste gepachtet und überweist jeweils am 01.03. und 01.09. 1000,— DM Pacht für die vorangegangenen 6 Monate.
2. Der Pächter des Restaurants „Weinstüble“ vermietet 10 Garagen für insgesamt monatlich 600,— DM. Mit dem Eingang der Dezembermieten ist erst im Januar zu rechnen.
3. Für einen Bankkredit zahlen wir vierteljährlich nachträglich 750,— DM Zinsen. Die Überweisung für das 4. Quartal des laufenden Geschäftsjahres erfolgt erst im Januar des neuen Geschäftsjahres.
4. Der Inhaber des Cafés „Wien“ überweist am 28.12. durch die Bank 800,— DM Feuerversicherungsprämie für das folgende Kalenderjahr.
5. Der Wirt des Hotels garni „Post“ überweist am 18.12. die fällige Kfz-Steuer über 400,— DM für die Zeit vom 01.11. des laufenden Geschäftsjahres bis zum 31.05. des folgenden Geschäftsjahres.

   Wie ist am 31.12. zu buchen?
6. Der Wirt des Hotels garni „Post“ überweist am 25.08. die Prämie für die Gebäudefeuerversicherung über 350,— DM für die Zeit vom 01.09. des laufenden Geschäftsjahres bis zum 31.08. des folgenden Geschäftsjahres.
7. In einem noch nicht abgeschlossenen Rechtsstreit werden uns voraussichtlich Prozeßkosten in Höhe von etwa 1000,— DM auferlegt. Der Prozeß wird im neuen Jahr zu unseren Ungunsten beendet. Wir müssen 1200,— DM zahlen. Dies erfolgt im neuen Jahr durch Banküberweisung.
8. Der Buchhalter des Apparthotels „Zur goldenen Stadt“ hat in einen Wohnhaus Räume für das Personal gemietet. Am 25.12. überweist er durch die Bank 2800,— DM Miete für den Monat Januar des folgenden Geschäftsjahres.

76 Erstellen Sie aufgrund der folgenden Saldenbilanz I die Betriebsübersicht!

Konten	Soll	Haben
01 Geschäftsgebäude	570000,— DM	
06 Einrichtung	320000,— DM	
061 Kraftfahrzeuge	24000,— DM	
15 Kasse	17600,— DM	
156 Vorsteuer	27500,— DM	
16 Bank	19800,— DM	
186 Mehrwertsteuer		63000,— DM
195 Privat	37000,— DM	
202 Lebensmittel	184000,— DM	
203 Getränke	212000,— DM	
24 Forderungen	18300,— DM	
254 Sonstige Forderungen	9000,— DM	
28 Aktive RAP		
30 Eigenkapital		578700,— DM
35 Wertberichtigung auf Anlagen		
39 Rückstellungen		
41 Darlehen		250000,— DM
43 Verbindlichkeiten		33400,— DM
475 Sonstige Verbindlichkeiten		2600,— DM
48 Passive RAP		
501 Beherbergungsumsatz		181500,— DM
502 Speisenumsatz		252000,— DM
503 Getränkeumsatz		287000,— DM
506 Sonstige Umsatzerlöse		61000,— DM
51 Skontoerträge		1500,— DM
602 Lebensmittelkosten	128000,— DM	
62 Personalkosten	88200,— DM	
622 Gesetzliche soziale Aufwendungen	9400,— DM	
64 Energieaufwand	21500,— DM	
65 Steuern	7300,— DM	
662 Kraftfahrzeugkosten	2000,— DM	
67 Sonstige Verwaltungskosten	1700,— DM	
72 Instandhaltung	12600,— DM	
73 Abschreibungen		
735 Geringwertiges Inventar	800,— DM	
	1710700,— DM	1710700,— DM

Abschlußangaben:

Abschreibungen auf Geschäftsgebäude 2 % indirekt.

Abschreibungen auf Geschäftsausstattung 12,5 % indirekt.

Abschreibungen auf Fuhrpark 25 % direkt.

Getränkeendbestand laut Inventur 118000,— DM

Für Kfz-Steuer haben wir am 01. 05. für ein Jahr im voraus 660,— DM überwiesen.

Wir rechnen mit einer Abschlußzahlung von 450,— DM an die Berufsgenossenschaft für die Unfallversicherung des vergangenen Jahres.

Die Stromrechnung für das letzte Vierteljahr steht noch aus. Nach dem Zählerstand ermitteln wir 900,— DM.

Für Instandhaltung unserer Büromaschinen überweisen wir vierteljährlich nachträglich 360,— DM netto. Die letzte Überweisung erfolgte am 01.11.

77 Erstellen Sie die Betriebsübersicht!

Konten	Soll	Haben
01 Geschäftsgrundstücke	500000,— DM	
05 Maschinen	60000,— DM	
06 Einrichtung	40000,— DM	
15 Kasse	15000,— DM	
156 Vorsteuer	18000,— DM	
16 Bank	84000,— DM	
186 Mehrwertsteuer		53600,— DM
195 Privat	16500,— DM	
202 Lebensmittel	75100,— DM	
203 Getränke	83700,— DM	
24 Forderungen	2900,— DM	
254 Sonstige Forderungen		
28 Aktive RAP		
30 Eigenkapital		639700,— DM
35 Wertberichtigung auf Anlagen		
39 Rückstellungen		
43 Verbindlichkeiten		27000,— DM
44 Schuldwechsel		21000,— DM
475 Sonstige Verbindlichkeiten		
48 Passive RAP		
501 Beherbergungsumsatz		86000,— DM
502 Speisenumsatz		75800,— DM
503 Getränkeumsatz		64900,— DM
506 Sonstige Umsatzerlöse		21400,— DM
587 Sonstige Erträge		
602 Lebensmittelkosten	23800,— DM	
62 Personalkosten	31000,— DM	
622 Gesetzliche soziale Leistungen	8000,— DM	
64 Energieaufwand	6000,— DM	
656 Steuern und Versicherungen	19500,— DM	
671 Rechts- und Beratungskosten	1500,— DM	
72 Instandhaltung	4400,— DM	
73 Abschreibungen		
	989400,— DM	989400,— DM

Abschlußangaben:

Abschreibungen auf 01: 2 % von 500000,— DM indirekt.
Abschreibungen auf 05: 12,5 % vom Buchwert direkt.
Abschreibungen auf 06: 20 % vom Anschaffungswert 48000,— DM direkt.
Endbestand an Getränken laut Inventur 66500,— DM.

Ferner ist zu berücksichtigen:

1. Im November wurde eine Reparatur durch den Schlosser ausgeführt. Die Rechnung über 270,— DM netto steht noch aus.
2. Wir haben 5 Garagen für monatlich 200,— DM vermietet. Mit der Zahlung der Dezembermieten ist erst im Januar zu rechnen.
3. Am 01..12. hat unser Mieter die Vierteljahresmiete über 900,— DM für Dezember, Januar und Februar überwiesen.
4. Am 26.10. haben wir Versicherungsprämien in Höhe von 540,— DM für die Zeit vom 01.11. bis 31.10. des folgenden Jahres bezahlt.
5. Wir rechnen mit noch anfallenden Prozeßkosten in einem laufenden Rechtsstreit in Höhe von ca. 1 200,— DM.

Fragen zur Übung und Wiederholung

1. Was ist der Unterschied zwischen „aktiver" und „passiver" Rechnungsabgrenzung?
2. Zählen Sie einige Fälle auf, in denen dem Gastwirt zukünftige größere Belastungen entstehen, so daß er zur Bildung von Rückstellungen verpflichtet ist!
3. Aus welchen Gründen ist der Betriebsinhaber zur Bildung von Rückstellungen verpflichtet?
4. Welche Betriebe müssen „gesetzliche Rücklagen" bilden?
5. Erklären Sie den Unterschied zwischen „Rückstellungen" und „Rücklagen"!

8 Der Betriebsabrechnungsbogen (BAB) im Hotel- und Gaststättengewerbe

8.1 Sinn und Aufgaben des BAB

Die der Buchhaltung (Kontenklasse 6 und 7) entnommenen Kosten werden in den Betriebsabrechnungsbogen übernommen. Dieser bildet dann die Grundlage der **Kostenrechnung.** Der BAB stellt somit die Verbindung von Buchhaltung und Kostenrechnung dar. Er ist deshalb ein wichtiges Hilfsmittel zur Ermittlung der Preise. Gleichzeitig ermöglicht er einen **Überblick über die Kostenentwicklung** und bietet der Betriebsleitung eine gute Kontrollmöglichkeit.

8.2 Die Begriffe „Kostenart", „Kostenstelle" und „Kostenträger"

In den Kontenklassen 6 und 7 sind die **Kostenarten** (z.B. 60 Warenkosten, 62 Personalkosten usw.) aufgeführt. Die **Kostenstelle** gibt an, wo die Kosten entstanden sind. Die wichtigsten Kostenstellen sind im Hotel- und Gaststättengewerbe Beherbergung, Küche und Keller. Bei größeren Betrieben ist eine weitergehende Unterteilung in Garage, Büro usw. möglich. **Kostenträger** sind die Erzeugnisse bzw. Leistungen eines Betriebes (Übernachtung, Tagesmenue Nr. 3, Flasche Wein Nr. 37 usw.).

8.3 Der Aufbau des BAB

Auf der linken Seite werden senkrecht die Kostenarten aufgeführt. In waagerechter Anordnung werden auf dem BAB die Kostenstellen angegeben.

Die aus der Buchhaltung entnommene Kosten werden jetzt aufgrund bestimmter Unterlagen (Lohnliste, Bauplan, Inventar) auf die Kostenstellen verteilt. Soweit eine direkte Verteilung der Kosten nicht möglich ist, werden bestimmte „Schlüssel" zu deren Zuordnung benutzt.

Beispiel:

Kostenart	Verteilungsschlüssel
Reinigungskosten	Zahl und Größe der Räume je Kostenstelle
Abschreibung	Anschaffungswert der Maschinen je Kostenstelle
Stromkosten	Verbrauch der Maschinen je Kostenstelle in kWh

Solche Kosten, die nicht einer Kostenstelle direkt zugeordnet werden können, heißen **Gemeinkosten.** Ihre Zuordnung zu bestimmten Kostenstellen mit Hilfe des Verteilungsschlüssels erreicht jeweils nur annähernde Genauigkeit.

Beispiel für einen Betriebsabrechnungsbogen (vereinfacht)

Unterlagen der Buchhaltung			Verteilungsschlüssel		Kostenstelle		
Kto. Nr.	Kostenart	Kosten in DM	Grundlage	Verhältnis	Beherbergung	Küche	Keller
602	Warenkosten/ Lebensmittel	120 000,—	„direkte" Kosten	—	—	120 000,—	—
603	Warenkosten/Getränke	50 000,—	„direkte" Kosten	—	—	—	50 000,—
62	Personalkosten	50 000,—	Lohn- und Gehaltsliste	2 : 2 : 1	20 000,—	20 000,—	10 000,—
64	Energiekosten	8 000,—	Verbrauch in kWh	3 : 4 : 1	3 000,—	4 000,—	1 000,—
73	AfA	4 000,—	Baukosten/Bauplan	8 : 1 : 1	3 200,—	400,—	400,—
75	Zinsen für Fremdkapital	11 000,—	Baukosten/Bauplan	9 : 1 : 1	9 000,—	1 000,—	1 000,—
	Gesamtkosten	243 000,—			35 200,—	145 400,—	62 400,—
	Umsatzerlöse	273 000,—			55 700,—	144 900,—	72 400,—
	Gewinn/Verlust	+30 000,—			+20 500,—	−500,—	+10 000,—

Beispiel für die Verteilung von Gemeinkosten
auf die Kostenbereiche Beherbergung, Küche, Keller:

Aufgabe:

Zu verteilende Kosten:	Personalkosten
Höhe der Kosten:	120000,— DM
Kontonummer:	62
Verteilungsgrundlage:	Lohn- und Gehaltsliste
Verteilungsschlüssel:	3 : 2 : 1

Lösung:

Der Verteilungsschlüssel 3 : 2 : 1 geht von 3 + 2 + 1 = 6 Teilen aus. Die Höhe der Kosten (in unserem Fall 120000,— DM) ist also durch 6 zu teilen. 120000,— DM : 6 = 20000,— DM. Ein Teil entspricht 20000,— DM.

Auf den Kostenbereich **Beherbergung** entfallen lt. Aufgabe 3 Teile:

3 · 20000,— DM = **60000,— DM**

Auf den Kostenbereich **Küche** entfallen lt. Aufgabe 2 Teile:

2 · 20000,— DM = **40000,— DM**

Auf den Kostenbereich **Keller** entfällt lt. Aufgabe 1 Teil:

1 · 20000,— DM = **20000,— DM**

Probe:

Die Summe der auf die einzelnen Kostenbereiche entfallenden Beträge muß der Höhe der Personalkosten entsprechen: 60000,— DM + 40000,— DM + 20000,— DM = 120000,— DM.

Merke:

Der Betriebsabrechnungsbogen (BAB) dient dazu, die Kostenarten den Kostenstellen (Beherbergung, Küche, Keller) zuzurechnen. Dies ermöglicht eine kostengerechte Kalkulation.

Aufgaben:

78 Verteilen Sie für den Betriebsabrechnungsbogen nach folgendem Schlüssel auf die Bereiche Beherbergung – Küche – Keller:

1. Zu verteilende Kosten: Personalkosten
   Höhe der Kosten: 85 000,— DM
   Kontonummer: 62
   Verteilungsgrundlage: Lohn- und Gehaltsliste
   Verteilungsschlüssel: 7 : 5 : 5
2. Zu verteilende Kosten: Energiekosten
   Höhe der Kosten: 12 000,— DM
   Kontonummer: 64
   Verteilungsgrundlage: Verbrauch in kWh
   Verteilungsschlüssel: 5 : 4 : 3
3. Zu verteilende Kosten: AfA
   Höhe der Kosten: 7 500,— DM
   Kontonummer: 73
   Verteilungsgrundlage: Baukosten/Bauplan
   Verteilungsschlüssel: 6 : 3 : 1

79

Betriebsabrechnungsbogen Monat Januar 19..

Kto.-Nr.	Kostenart	Werte der Buchhaltung	Verteilungs-schlüssel	Kostenstelle		
				Beher-bergung	Küche	Keller
62	Personalkosten	60 000,—	3 : 2 : 1			
64	Energiekosten	5 000,—	2 : 2 : 1			
65	Steuern, Gebühren, Beiträge u. Versicherungen	800,—	2 : 2 : 4			
66	Sonstige Betriebs- und Verwaltungskosten	1 200,—	2 : 3 : 1			
67	Sonstige Betriebs- und Verwaltungskosten	900,—	5 : 2 : 2			
70	Mieten und Pachten	8 000,—	5 : 2 : 1			
72	Instandhaltung	1 000,—	5 : 3 : 2			

1. Ermitteln Sie die Summe der Gemeinkosten je Kostenstelle!
2. Wieviel Prozent des Einstandspreises der Lebensmittel (30 000,— DM) betragen die Küchengemeinkosten?
3. Wieviel Prozent des Einstandspreises der Getränke (40 000,— DM) betragen die Kellergemeinkosten?
4. Wann kann für die Beherbergungsabteilung kein Gemeinkostenzuschlag errechnet werden?

80 **Betriebsabrechnungsbogen Monat Februar 19..**

Kto.-Nr.	Kostenart	Werte der Buchhaltung	Verteilungsgrundlage	Kostenstelle		
				Beherbergung	Küche	Keller
621	Löhne und Gehälter	65 000,—	Lohn- und Gehaltsliste	30 000,—	20 000,—	15 000,—
622	Gesetzliche und tarifliche soziale Aufwendungen	5 000,—	Lohn- und Gehaltsliste	2 500,—	1 500,—	1 000,—
641	Strom	3 000,—	Stromzähler	1 000,—	1 700,—	300,—
643	Wasser einschl. Abwasser	500,—	Wasseruhr	300,—	200,—	—
644	Heizung u. Klimatisierung	3 000,—	m^3 entsprechend dem Bauplan	2 800,—	200,—	—
652	Getränke- und Vergnügungsteuer	500,—	direkt	—	—	500,—
653	Gewerbesteuer einschl. Lohnsummensteuer	600,—	Bemessungsgrundlage des Finanzamts	300,—	200,—	100,—
655	Gebühren und Beiträge	210,—	Schlüssel 1 : 1 : 1	70,—	70,—	70,—
656	Versicherungen	200,—	Versicherungsschein	150,—	30,—	20,—
661	Reinigung	300,—	m^2 entsprechend dem Bauplan	200,—	80,—	20,—
662	Kfz-Kosten (einschl. Kfz-Steuern und Kfz-Versicherungen)	420,—	Schlüssel 1 : 1 : 1	140,—	140,—	140,—
663	Sonstige Hilfs- und Betriebsstoffe	240,—	Schlüssel 1 : 1 :1	80,—	80,—	80,—
665	Musik und Unterhaltung	900,—	Schlüssel 1 : 1 :1	300,—	300,—	300,—
666	Abschreibungen und Wertminderungen Umlaufvermögen	200,—	Inventarliste	150,—	50,—	—
672	Bürobedarf	120,—	Schlüssel 1 : 1 :1	40,—	40,—	40,—
673	Post- und Telefonkosten	300,—	Schlüssel 1 : 1 : 1	100,—	100,—	100,—
679	Sonstige Verwaltungskosten	180,—	Schlüssel 1 : 1 : 1	60,—	60,—	60,—
73	AfA	1 500,—	m^2 entsprechend dem Bauplan	1 200,—	100,—	200,—

1. Warum wurden die angegebenen Verteilungsgrundlagen gewählt? Begründen Sie, ob im Einzelfall andere Verteilungsgrundlagen möglich sind!
2. Ermitteln Sie die Summe der Gemeinkosten je Kostenstelle!
3. Wieviel Prozent des Einstandspreises der Lebensmittel (40 000,— DM) betragen die Küchengemeinkosten?
4. Wieviel Prozent des Einstandspreises der Getränke (50 000,— DM) betragen die Kellergemeinkosten?

81a Betriebsübersicht:

81b (Bemerkung: Zur Arbeitserleichterung wurde auf Angabe der Kontenstände der Summenbilanz verzichtet und gleich mit Salden I begonnen.)

Kontenbezeichnung	Kto.-Nr.	Aufgabe 81a Salden I S	Aufgabe 81a Salden I H	Aufgabe 81b Salden I S	Aufgabe 81b Salden I H
Geschäftsgebäude	012	200000,—		400000,—	
Maschinen, maschinelle Anlagen	05	80000,—		150000,—	
Einrichtung, Betriebs- u. Geschäftsausstattung, Kraftfahrzeuge	06	40000,—		90000,—	
Schecks	14	1000,—		5000,—	
Kasse	15	6000,—		10000,—	
Vorsteuer	156	4000,—		6000,—	
Bank- und Postgiroguthaben	16	85000,—		120000,—	
Mehrwertsteuer	186		7000,—		13000,—
Privatkonten	195	10000,—		8000,—	
Lebensmittel	202	18000,—		35000,—	
Getränke	203	24000,—		50000,—	
Sonstige (Handelsware)	204	8000,—		2000,—	
Hilfs- und Betriebsstoffvorräte	22	2000,—		2000,—	
Forderungen aus Lieferungen und Leistungen	24	5000,—		4000,—	
Eigenkapital	30		300000,—		600000,—
Verbindlichkeiten aus Lieferungen und Leistungen	43		10000,—		55000,—
Schuldwechsel	44		2000,—		15000,—
Verbindlichkeiten gegenüber Kreditinstituten mit einer Laufzeit bis zu 4 Jahren	45		120000,—		82000,—
Beherbergungsumsatz	501		87000,—		140000,—
Speisenumsatz	502		64000,—		73000,—
Getränkeumsatz	503		28000,—		82000,—
Handelsware	505		12000,—		10000,—
Lebensmittel	602	34000,—		20000,—	
Getränke	603	15000,—		40000,—	
Sonstige Waren (Handelswaren)	604	6000,—		5000,—	
Personalkosten	62	60000,—		80000,—	
Energiekosten	64	10000,—		12000,—	
Übertrag:		608000,—	630000,—	1039000,—	1070000,—

Kontenbezeichnung	Kto.-Nr.	Salden I S	Salden I H	Salden I S	Salden I H
Übertrag:		608 000,—	630 000,—	1 039 000,—	1 070 000,—
Steuern, Gebühren, Beiträge und Versicherungen	65	5 000,—		5 000,—	
Sonstige Betriebs- und Verwaltungskosten	66	2 000,—		4 000,—	
Sonstige Betriebs- und Verwaltungskosten	67	3 000,—		4 000,—	
AfA	73	4 000,—		8 000,—	
Zinsen für Fremdkapital	75	8 000,—		10 000,—	
Summen:		630 000,—	630 000,—	1 070 000,—	1 070 000,—

Abschlußangaben zum 31. 12.

1. a) Auf 012 sind 2 % vom Anschaffungswert von 250 000,— DM (450 000,— DM) direkt abzuschreiben.
   b) Auf 05 sind 10 % vom Buchwert direkt abzuschreiben.
   c) Die Vorsteuer ist gegen die MWSt zu verrechnen.
   d) Das Privatkonto ist über Kapital abzuschließen.
   e) Der Warenendbestand Kto. 203 wird mit 20 000,— DM (40 000,— DM) bewertet.
2. Die **Verteilung der Gemeinkosten** für den BAB erfolgt nach folgendem Schlüssel. Nehmen Sie die Verrechnung auf die drei Bereiche Beherbergung, Küche, Keller vor und erstellen Sie einen vereinfachten BAB!

Kto.-Nr.	Verteilungsschlüssel
62	2 : 2 : 1
64	3 : 4 : 1
65	3 : 1 : 1
66	3 : 1 : 1
67	2 : 1 : 1
73	8 : 1 : 1
75	7 : 2 : 1

9 Auswertung von Buchführungsdaten

9.1 Aufgaben und Bedeutung von Kennziffern

Für die Betriebsleitung sind Kennziffern von großer Bedeutung. Sie ermöglichen:

a) eine (innerbetriebliche) vergleichende Beobachtung der Entwicklung eines Betriebes in verschiedenen Zeitabschnitten (z. B. Jahren),

b) eine (zwischenbetriebliche) vergleichende Beobachtung eines Betriebes im Verhältnis zur gesamten Branche.

Chefinformationen des DEHOGA ermöglichen **monatliche Betriebsvergleiche,** so daß dem Unternehmer mit Hilfe von Kennziffern wertvolle Entscheidungsgrundlagen in die Hand gegeben sind.

Wichtige Bezugsgrößen für Kennziffern im Hotel- und Gaststättengewerbe sind z. B.:

a) Betriebsumsatz,
b) Anzahl der Vollbeschäftigten,
c) Anzahl der Betten.

Es werden aber auch Kennziffern über den Vermögensaufbau, die Liquidität und den Erfolg eines Betriebes gebildet.

9.2 Die wichtigsten Kennziffern im Hotel- und Gaststättengewerbe*

1. $$\text{Wareneinsatz} = \frac{\text{Warenkosten} \cdot 100}{\text{Warenumsatz}}$$

Diese Kennziffer gibt den Anteil der Materialkosten am Warenumsatz an.

2. $$\text{Leistung je Vollbeschäftigten} = \frac{\text{Betriebsumsatz}}{\text{Anzahl der Vollbeschäftigten}}$$

Betriebsfremde Umsätze, außerordentliche Erlöse und MWSt werden nicht berücksichtigt. Auszubildende werden bei der Berechnung als halbe Vollbeschäftigte gezählt.

3. $$\text{Personalkosten je Vollbeschäftigten} = \frac{\text{Gesamtpersonalkosten}}{\text{Anzahl der Vollbeschäftigten}}$$

Hier wird das Lohnniveau des Betriebes ermittelt.

4. $$\text{Umsatz je Sitzplatz} = \frac{\text{Warenumsatz}}{\text{Anzahl der Sitzplätze}}$$

---

* Vgl. hierzu „Kennziffern im Hotel- und Gaststättengewerbe" DEHOGA-Dokumentationsstelle, 5300 Bonn-Bad Godesberg

Diese Kennziffer zeigt den Ausnutzungsgrad des Restaurationsbereiches an (Terassenplätze werden nur mit 25 % berücksichtigt).

$$5.\ \text{Kapazitätsauslastung} = \frac{\text{belegte Betten} \cdot 100}{\text{Anzahl der Betten}}$$

Diese Kennziffer ist, wie auch die Aufenthaltsdauer pro Gast im Beherbergungsbereich von großer Bedeutung. Die Aufenthaltsdauer pro Gast wird wie folgt berechnet:

$$6.\ \text{Aufenthaltsdauer je Gast} = \frac{\text{Zahl der Gästeübernachtungen}}{\text{Zahl der Gästeankünfte}}$$

$$7.\ \text{Eigenkapitalrentabilität} = \frac{\text{Jahresüberschuß} \cdot 100}{\text{Eigenkapital}}$$

$$8.\ \text{Liquidität (Zahlungsbereitschaft)} = \frac{\text{Umlaufvermögen}}{\text{Fremdkapital}}$$

$$9.\ \text{Finanzierungsverhältnis} = \frac{\text{Eigenkapital}}{\text{Fremdkapital}}$$

9.3 Die grafische Darstellung wichtiger Kenngrößen

9.3.1 Das Liniendiagramm

Hier werden die Zahlenwerte der statistischen Darstellung in einem Koordinatensystem veranschaulicht.

Im folgenden Beispiel werden im Betrieb A die Gesamtkosten der Abteilung Beherbergung der Zahl der belegten Betten gegenübergestellt. Hierbei zeigt sich, daß mit zunehmender Kapazitätsauslastung die Kosten je Bett sinken.

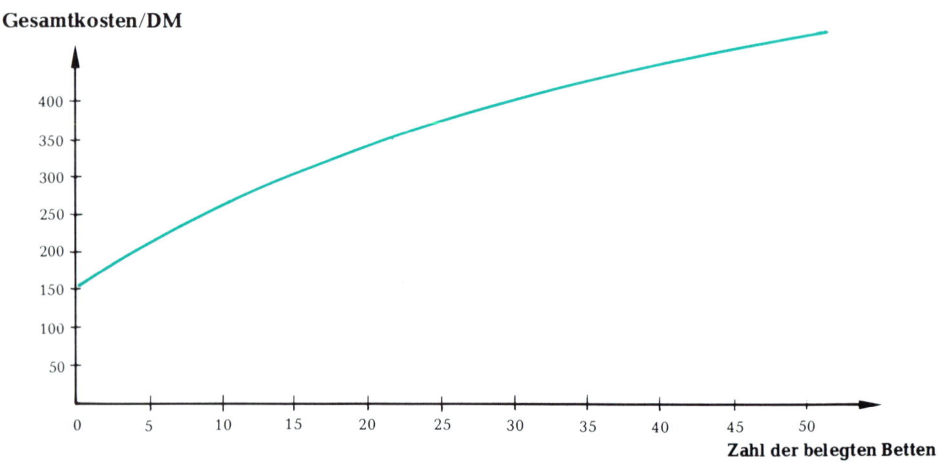

9.3.2 Das Säulendiagramm

Zur vergleichenden Darstellung eignen sich besonders das Säulen- und das Flächendiagramm.

Der Preisanstieg im Jahre 1977 in einigen Ländern der EG

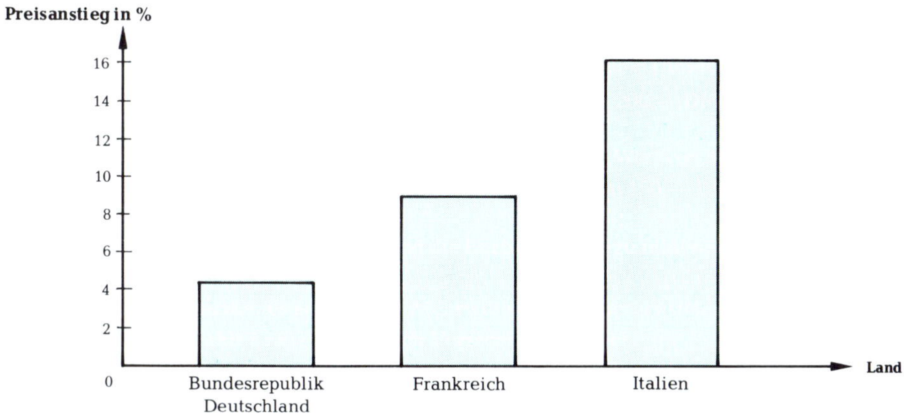

9.3.3 Das Flächendiagramm

Hier wird die Kostenverteilung der drei Abteilungen des Hotels A gezeigt:

I Beherbergung
II Küche
III Keller

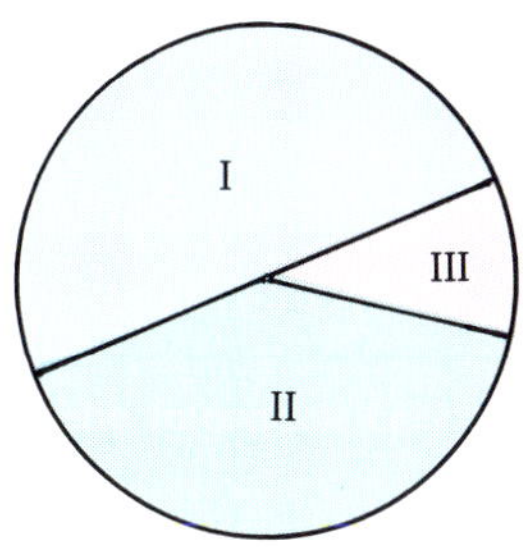

9.3.4 Das Balkendiagramm

Zur zeitlichen Einsatzplanung des Personals im Hotel- und Gaststättenbereich wird oft das Balkendiagramm verwendet:

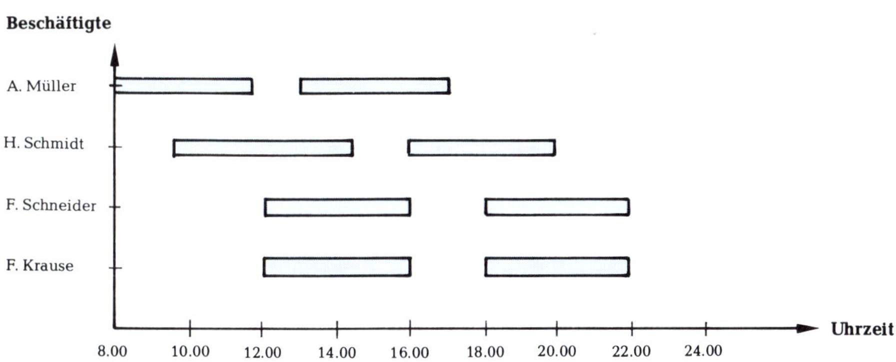

Merke:
Kennziffern und grafische Darstellungen sind Mittel zur Erleichterung des innerbetrieblichen und zwischenbetrieblichen Vergleichs.

Aufgaben:

82 Erstellen Sie aufgrund des Dienstplans für die laufende Woche ein Balkendiagramm, das grafisch darstellt, ob an allen Tagen genügend Personal zur Verfügung steht! Sortieren Sie nach Küchen- und Servicepersonal und benutzen Sie hierbei verschiedene Farben!

Dienstplan: Woche vom ____________

Name	Montag	Dienstag	Mittwoch	Donnerstag	Freitag	Samstag	Sonntag
Armbruster, M. Koch-Commis	frei						
Herzog, S. Saucier			frei				
Wöhrle, G. Rôtisseur					frei		
Duffner, E. Commis de rang		frei					
Frey, O. Oberkellner				frei			
Stöhr, W. Koch-Commis						frei	
Wagner, H. Commis de rang				frei			
Bühler, K. Commis de rang							frei
Baumann, H. Chef de rang	frei						
Fuchs, R. Tournant			frei				

A = Ausgang U = Urlaub F = Fehlt unentschuldigt

83 Gegeben sei folgende vereinfachte Bilanz mit Kapitalrechnung.

A Bilanz zum 31. 12. 19.. P

I Anlagevermögen	350 000,— DM	I Eigenkapital	200 000,— DM
II Umlaufvermögen	650 000,— DM	II Fremdkapital	800 000,— DM
	1 000 000,— DM		1 000 000,— DM

Kapitalrechnung:	Altes Kapital:	180 000,— DM
	+ Gewinn	20 000,— DM
	Neues Kapital	200 000,— DM

1. Errechnen Sie die Eigenkapitalrentabilität und das Finanzierungsverhältnis!
2. Beurteilen Sie diese drei Kennziffern! Wann können wir von einer günstigen, wann müssen wir von einer ungünstigen Eigenkapitalrentabilität usw. sprechen?

84 Im Haushaltsplan des Bundes wurden für das Jahr 1985 folgende Steuereinnahmen angegeben:

Lohn- und Einkommensteuer:	77,1 Milliarden DM
Umsatzsteuer:	65,7 Milliarden DM
Mineralölsteuer:	24,5 Milliarden DM
Tabaksteuer:	14,6 Milliarden DM
Sonstige Steuern und Verwaltungseinnahmen	64,1 Milliarden DM
	246,0 Milliarden DM

Machen Sie eine grafische Darstellung

a) in Form eines Säulendiagramms!

b) als Flächendiagramm!

9 Marzluf/Gehring – ISBN 3-8120-0279-5

10 Anhang

10.1 Wiederholungsaufgaben

1. Im vergangenen Jahr bildete der Buchhalter des Hotels „Schwarzwaldblick" eine Rückstellung in Höhe von 2000,— DM für Gewerbesteuer. Aufgrund der Nachveranlagung muß er 2400,— DM überweisen.

   Lösen Sie die Rückstellung des vergangenen Jahres auf!

2. Der Eigentümer des Restaurants „Zum Pflug" hat seine Privatwohnung im Restaurantgebäude. Am Jahresende ist der Mietwert der Wohnung mit 500,— DM zu verrechnen.

3. a) Der Wirt des Restaurants „Grimmelshausenstube" überweist seine Vermögensteuer in Höhe von 2050,— DM vom betrieblichen Bankkonto. Wie lautet der Buchungssatz?

   b) Die Rechnung für den Beitrag zur Berufsgenossenschaft (800,— DM) wird ausnahmsweise erst im Januar des folgenden Jahres beglichen. Bilden Sie den Buchungssatz!

4. Die Weinkellerei „Hohenstein" schreibt dem Wirt der Weinstube „Altstadt", Herrn Maier, unter anderem: „Für das Versehen bei unserer letzten Lieferung entschuldigen wir uns. Den Betrag von 520,— DM netto haben wir Ihnen gutgeschrieben." Wie muß Herr Maier buchen?

5. Herr Maier entnimmt dem Weinkeller seiner Weinstube 5 Flaschen „Moseltröpfchen" (Selbstkostenpreis 55,— DM zuzüglich MWSt). Er möchte den Wein einem Freund mitbringen, der ihn zu einer privaten Familienfeier eingeladen hat. Buchungssatz?

6. Der Verwaltungsdirektor des Parkhotels bestellt einen Büroautomaten im Wert von 15000,— DM netto. Er zahlt mit einem Verrechnungsscheck. Wie lautet der Buchungssatz?

7. Für eine Weinsendung sind Eingangsfrachten und Rollgeld in Höhe von 235,— DM netto angefallen. Sie werden bar bezahlt. Buchungssatz?

8. Der Pächter des Hotels garni „Zur Post" überweist einem Lieferer den Rechnungsbetrag von 3200,— DM ./. 2 % Skonto. Wie ist zu buchen?

9. Der Verkauf eines gebrauchten Buchungsautomaten ergibt einen Erlös von 1600,— DM netto. Der Buchwert beläuft sich auf 1400,— DM. Wie lautet der Buchungssatz?

10. Ein Hotelgast zahlt mit Bankscheck 500,— DM und den Rest von 72,35 DM bar. Buchungssatz?

11. Der Eigentümer des Restaurants „Waldeslust" kauft von dem befreundeten Wirt, Herrn Uhl, Fleisch im Wert von 500,— DM netto gegen einen Wechsel.

12. Der Hotelier Karcher erhält die Stromrechnung für die Monate November–Dezember erst im Januar des folgenden Jahres. Aufgrund des Zählerstandes errechnet er einen Verbrauch in Höhe von 1850,— DM. Wie ist am Jahresende zu buchen?

13. Herr Karcher läßt die Löhne und Gehälter des Hotelpersonals durch die Bank auf Lohn- und Gehaltskonten überweisen:

Gehälter brutto	32 000,— DM	
Vorschüsse	1 000,— DM	
Lohn- und Kirchensteuer	5 100,— DM	
Arbeitnehmeranteil zur Sozialversicherung	3 500,— DM	
Banküberweisung		22 400,— DM

Der Arbeitgeberanteil an der Sozialversicherung beträgt 3500,— DM. Stellen Sie die Buchungssätze auf!

14. Der Wirt des Restaurants „Zum Kreuz" erhält eine Warensendung, aufgrund derer folgende Geschäftsvorfälle zu buchen sind:

1. Lebensmitteleinkauf auf Ziel 2500,— DM + MWSt (voller Steuersatz).
2. Rechnung des Spediteurs (Rollgeld) 23,— DM + MWSt (voller Steuersatz) wird bar bezahlt.
3. Ein Teil der Ware im Wert von 200,— DM + MWSt, der unbrauchbar ist, geht an den Lieferer zurück.

15. a) Der Hotelier Reiff kauft Lebensmittel gegen Akzept für 4500,— DM + MWSt (halber Steuersatz).

b) Für den Direkteinkauf von Delikatessen im Ausland muß er an Zoll 534,— DM + MWSt und für Frachtkosten 98,— DM + MWSt zahlen. Bilden Sie den Buchungssatz!

16. Für Zeitungen und Zeitschriften, die zur Unterhaltung der Gäste ausliegen, zahlt der Pächter des Cafés „Am Markt" 56,— DM (einschl. MWSt) bar. Buchungssatz?

17. Der Hotelier Frey kauft eine Speiseeismaschine und zwei Flambiergeräte zum Gesamtpreis von 6500,— DM + MWSt. Er zahlt durch Bankscheck.

18. Die Belegschaft eines Handwerksbetriebes hatte am 1. Mai eine Betriebsfeier im Nebenzimmer des „Schwarzwaldhotels". Die Rechnung über 2400,— DM wurde nicht sofort bezahlt.

a) Wie lautete der Buchungssatz am 1. Mai?

b) Im Juli geht der o.a. Betrag auf dem Bankkonto des Hotels ein. Buchungssatz?

19. Der Wirt des Restaurants „Pferdehalfter" überweist durch die Bank:

Honorar für den Steuerberater	1500,— DM
Gewerbesteuer	3500,— DM
Grundsteuer	500,— DM
	5500,— DM

20. Berechnen Sie die Abschreibung und den Restwert nach 6 Jahren für eine Kühlanlage, die für 12000,— DM angeschafft wurde und eine Nutzungsdauer von 10 Jahren hat!

21. Der Gastwirt Osthof kauft im Nennwert von 17000,— DM $6^1/_2$%ige Kommunalschuldverschreibungen zu 97 %.

Die Ankaufskosten der Bank betragen 121,98 DM.

a) Berechnen Sie den Kurswert beim Ankauf!

b) Buchen Sie den Wertpapierkauf auf T-Konten!

c) Errechnen und buchen Sie den Wertpapiererfolg am Schluß des Wirtschaftsjahres bei einem Tageskurs von 96,75 %!

22. Bilden Sie die Buchungssätze!

a) Überweisung der Feuerversicherungsprämie durch die Bank für das Wohnhaus des Hoteliers 82,— DM.

b) ER Nr. 729 über Getränke 6000,— DM netto, Ziel 3 Monate.

c) Gutschrift des Lieferers für leere Konservenkisten 70,— DM netto.

d) Reparaturkosten für einen Speiseaufzug 800,— DM netto mit Scheck bezahlt.

e) Gutschrift des Lieferers in Höhe von 152,55 DM brutto für Umsatzvergütung.

f) Für die Vergrößerung des Nebenzimmers überweist der Hotelier Schwarz an den Bauunternehmer 16385,— DM brutto.

g) Für den Bau einer Wäschereianlage stellt Herr Schwarz an die Lieferfirma einen Wechsel über 22600,— DM brutto aus.

23. Ein Buchungsautomat wurde am 01.07.1976 für 20000,— DM brutto gekauft. Seine voraussichtliche Lebensdauer wird auf 5 Jahre geschätzt. Am 01.07.1978 wurde er wieder gegen Scheck (jeweils netto) verkauft, und zwar

a) für 12000,— DM, b) für 10000,— DM, c) für 8000,— DM.

Wie war in jedem dieser drei Fälle am 01.07.1978 zu buchen?

24. Die von dem Gastwirt Müller am 30. November bezahlte Pacht in Höhe von 8000,— DM wurde für 2 Monate im voraus entrichtet.

Wie muß Herr Müller

a) am 30. November, b) am 31. Dezember, c) am 1. Januar

buchen?

25. Über das Vermögen des Reiseunternehmers Schneider, der dem Gastwirt Weber 12000,— DM schuldet, wird der Konkurs eröffnet. Herr Weber erhält die Mitteilung, daß die Konkursdividende 20% betragen wird. Wie bucht der Gastwirt Weber bei Eingang des Geldes auf seinem Bankkonto?

26. Betriebsübersicht:

(Bemerkung: Zur Arbeitserleichterung wurde auf Angabe der Kontenstände der Summenbilanz verzichtet und gleich mit Salden I begonnen.)

Kontenbezeichnung	Konto-Nr.	Summenbilanz		Salden I	
		S	H	S	H
Geschäftsgebäude	012			400000,—	
Maschinen, maschinelle Anlagen	05			100000,—	
Einrichtung, Betriebs- u. Geschäftsausstattung, Kraftfahrzeuge	06			120000,—	
Kasse	15			3000,—	
Vorsteuer	156			5000,—	
Bank- und Postgiroguthaben	16			80000,—	
Mehrwertsteuer	186				30000,—
Privatkonten	195			10000,—	
Lebensmittel	202			8000,—	
Getränke	203			10000,—	
Sonstige (Handelsware)	204			2000,—	
Eigenkapital	30				600000,—
Verbindlichkeiten aus Lieferungen und Leistungen	43				40000,—
Schuldwechsel	44				10000,—
Verbindlichkeiten gegenüber Kreditinstituten mit einer Laufzeit bis zu 4 Jahren	45				40000,—
Beherbergungsumsatz	501				80000,—
Speisenumsatz	502				35000,—
Getränkeumsatz	503				70000,—
Handelsware	505				12000,—
Skontoerträge	51				5000,—
Sonstige Zinsen und ähnliche Erträge	54				4000,—
Lebensmittel	602			26000,—	
Getränke	603			39000,—	
Sonstige Waren (Handelswaren)	604			8000,—	
Löhne und Gehälter	621			80000,—	
Gesetzliche und tarifliche soziale Aufwendungen	622			10000,—	
Energiekosten	64			25000,—	
				926000,—	926000,—

Umbuchungen:

1. Abschluß des Kapitalkontos
2. Ermitteln der Zahllast
3. Warenendbestand an Wein 5000,— DM. Die übrigen Bestände entsprechen dem jeweiligen Kontostand.

10.2 Kontenrahmen des Hotel- und Gaststättengewerbes

Hotel- und Gaststätten-Kontenrahmen Oktober 1976

Erstellt vom Deutschen Hotel- und Gaststättenverband DEHOGA

Aktiva — BILANZKONTEN — Passiva

KONTENKLASSE 0

Sachanlagen und immaterielle Anlagewerte

00 Ausstehende Einlagen (bei Kapitalgesellschaften)
01 Geschäftsgrundstücke und Gebäude
- 011 Geschäftsgrundstücke
- 012 Geschäftsgebäude
- 013 grundstücksgleiche Rechte

02 Wohngrundstücke und Gebäude
- 021 Wohngrundstücke
- 022 Wohngebäude
- 023 grundstücksgleiche Rechte

03 Unbebaute Grundstücke
- 031 unbebaute Grundstücke
- 032 grundstücksgleiche Rechte

04 Bauten auf fremden Grundstücken
05 Maschinen, maschinelle Anlagen
06 Einrichtung, Betriebs- und Geschäftsausstattung, Kraftfahrzeuge
07 Frei für Festwertpositionen der Betriebs- und Geschäftsausstattung
08 Anlagen im Bau und Anzahlung auf Anlagen
09 Konzessionen, gewerbliche Schutzrechte und ähnliche Rechte sowie Lizenzen an solchen Rechten

KONTENKLASSE 1

Finanzanlagen und Geldkonten

10 Beteiligungen
11 Wertpapiere des Anlagevermögens, die nicht zu Kontengruppe 10 gehören
12 Ausleihungen mit einer Laufzeit von mindestens vier Jahren
13 Besitzwechsel
14 Schecks

KONTENKLASSE 3

Eigenkapital, Wertberichtigungen und Rückstellungen

30 – 33 Eigenkapital
1. Unternehmen, die das Jahresergebnis über das Eigenkapitalkonto abschließen
   - 30 – 33 Eigenkapitalkonten
2. Unternehmen, die das Jahresergebnis nicht über das Eigenkapitalkonto abschließen
   - 30 Grund- oder Stammkapital
   - 31 Gesetzliche Rücklagen
   - 32 Andere Rücklagen (freie Rücklagen)
   - 33 Frei

34 Sonderposten mit Rücklageanteil
35 Wertberichtigung zu Sachanlagen
36 Wertberichtigung zu Beteiligungen und zu Wertpapieren des Anlagevermögens
37 Pauschalwertberichtigung zu Forderungen
38 Pensionsrückstellungen
39 Andere Rückstellungen

KONTENKLASSE 4

Verbindlichkeiten und passive Rechnungsabgrenzungsposten

40 Frei
41 Verbindlichkeiten gegenüber Kreditinstituten mit einer Laufzeit von mindestens vier Jahren
42 Sonstige Verbindlichkeiten mit einer Laufzeit von mindestens vier Jahren
43 Verbindlichkeiten aus Lieferungen und Leistungen

ERFOLGSKONTEN

KONTENKLASSE 5

Erträge

50 Umsatzerlöse (und Erlösberichtigungen)
- 501 Beherbergungsumsatz
- 502 Speisenumsatz
  - 5022 Speisenumsatz z. ermäss. MWSt-Satz
  - 5023 Speisenumsatz z. vollen MWSt-Satz
- 503 Getränkeumsatz
  - 5031 Bier
  - 5032 Alkoholfreie Getränke
  - 5033 Wein, Sekt
  - 5034 Spirituosen
  - 5035 Kaffee, Tee, Kakao
- 504 Sonstige Warenumsätze
- 505 Handelsware
  - 5041 Tabakwaren
  - 5042 Süßwaren
  - 5043 Eis
  - 5044 Toilettenartikel
  - 5045 Sonstige Handelsware
  - 5051 Bier
  - 5052 Alkoholfreie Getränke
  - 5053 Wein, Sekt
  - 5054 Spirituosen
  - 5055 Kaffee, Tee, Kakao
  - 5059 Lebensmittel, Konserven
- 506 Sonstige Umsatzerlöse

51 Skontoerträge
52 Erhöhung oder Verminderung des Bestandes an hergestellten Halb- und Fertigerzeugnissen
525 Andere aktivierte Eigenleistungen
53 Erträge aus Gewinngemeinschaften
535 Erträge aus Finanzanlagen
54 Sonstige Zinsen und ähnliche Erträge
55 Erträge aus dem Abgang von Ge-

65 Steuern, Gebühren, Beiträge und Versicherungen
- 651 Umsatzsteuer (soweit nicht abzugsfähig)
- 652 Getränke- und Vergnügungsteuer
- 653 Gewerbesteuer einschl. Lohnsummensteuer
- 654 Sonstige Steuern (z. B. Grundsteuer)
- 655 Gebühren und Beiträge
- 656 Versicherungen

66/67 Sonstige Betriebs- und Verwaltungskosten
- 661 Reinigung
  - 6611 Putzmittel
  - 6612 Waschmittel, Wäschereinigung, Wäscheleasing
- 662 Kfz.-Kosten (einschl. Kfz.-Steuern und Kfz.-Versicherungen)
- 663 Sonstige Hilfs- und Betriebsstoffe
- 664 Frei
- 665 Musik und Unterhaltung
- 666 Abschreibungen und Wertminderungen Umlaufvermögen
- 669 Sonstige Betriebskosten
- 671 Rechts- und Beratungskosten
- 672 Bürobedarf
- 673 Post- und Telefonkosten
- 674 Werbung
- 675 Reisebüro- und Kreditkartenprovisionen
- 678 Reisekosten
- 679 Sonstige Verwaltungskosten

68 Frei
69 Frei

17 Sonstige Wertpapiere des Umlauf-
vermögens
186 Mehrwertsteuer
191 Eigene Aktien (nur bei AG)
192 Anteile an einer herrschenden Gesellschaft (nur bei AG)
195 Privatkonten

KONTENKLASSE 2

Vorräte, Forderungen und aktive Rechnungsabgrenzungsposten

20 Warenvorräte
- 202 Lebensmittel
  - 2021 Fleisch
  - 2022 Fisch
  - 2023 Molkereiartikel
  - 2024 Nährmittel, Kartoffeln
  - 2025 Konserven
  - 2026 Frischgemüse
  - 2027 Fertiggerichte
  - 2028 Eis, Konditoreiartikel
  - 2029 Gewürze
- 203 Getränke
  - 2031 Bier
  - 2032 Alkoholfreie Getränke
  - 2033 Wein, Sekt
  - 2034 Spirituosen
  - 2035 Kaffee, Tee, Kakao
- 204 Sonstige (Handelsware)
  - 2041 Tabakwaren
  - 2042 Süßwaren
  - 2043 Eis
  - 2044 Toilettenartikel
  - 2045 Sonstige Handelsware

21 Hergestellte Halb- und Fertigerzeugnisse
- 211 Küche
- 212 Konditorei

22 Hilfs- und Betriebsstoffvorräte
23 Geleistete Anzahlungen für Gegenstände des Umlaufvermögens
24 Forderungen aus Lieferungen und Leistungen
25 Sonstige Forderungen
- 251 Forderungen an verbundene Unternehmen
- 252 Forderungen aus Krediten
- 253 Dubiose Forderungen
- 254 Sonstige Forderungen

26 Frei
27 Sonstige Vermögensgegenstände
28 Aktive Rechnungsabgrenzung
29 Bilanzverlust

bis zu vier Jahren
46 Erhaltene Anzahlungen
471 Verbindlichkeiten gegenüber verbundenen Unternehmen (nur bei AG)
475 Sonstige Verbindlichkeiten
48 Passive Rechnungsabgrenzung
49 Bilanzgewinn

der Pauschalwertberichtigung zu Forderungen
57 Erträge aus der Auflösung von Rückstellungen
58 Erträge aus der Auflösung von Sonderposten mit Rücklageanteil
585 Erträge aus Beteiligungen
586 Erträge aus Gewinnabführungsverträgen
587 Sonstige Erträge
59 Eigenverbrauch

KONTENKLASSE 6

Betriebsbedingte Kosten

60 Warenkosten
- 602 Lebensmittel
- 603 Getränke
  - 6031 Bier
  - 6032 Alkoholfreie Getränke
  - 6033 Wein, Sekt
  - 6034 Spirituosen
  - 6035 Kaffee, Tee, Kakao
- 604 Sonstige Waren (Handelsware)
  - 6041 Tabakwaren
  - 6042 Süßwaren
  - 6043 Eis
  - 6044 Toilettenartikel
  - 6045 Sonstige Handelsware

61 Frei
62 Personalkosten
- 621 Löhne und Gehälter
- 622 Gesetzliche und tarifliche soziale Aufwendungen
- 623 Freiwillige soziale Aufwendungen, z. B. Weihnachtsgeld, Kost, Fahrgeld
- 624 Aufwendungen für Altersversorgung
- 625 Sonstige Personalkosten

63 Frei
64 Energiekosten
- 641 Strom
- 642 Gas
- 643 Wasser
- 644 Heizung

Anlagebedingte Kosten und sonstige Kosten

70 Mieten und Pachten
71 Leasing
72 Instandhaltung
73 AfA
735 Geringwertige Wirtschaftsgüter
74 Sonstige Abschreibungen und Wertminderungen des Anlagevermögens
75 Zinsen für Fremdkapital
76 Sonstige anlagebedingte Kosten
77 Aufwendungen aus Verlustübernahme
78 Einstellungen in Sonderposten mit Rücklagenanteil
79 Körperschaftsteuer (nur bei Kapitalgesellschaften)
795 Vermögensteuer (nur bei Kapitalgesellschaften)
799 Sonstige Aufwendungen

ERÖFFNUNG U. ABSCHLUSS

KONTENKLASSE 8

Eröffnung und Abschluß

80 Eröffnungsbilanz (Saldenvorträge)
81 – 88 Abschluß der Gewinn- und Verlustrechnung
- 81 Jahresüberschuß/Jahresfehlbetrag
- 82 Gewinnvortrag/Verlustvortrag aus dem Vorjahr
- 83 Entnahmen aus der gesetzlichen Rücklage
- 84 Entnahmen aus freien Rücklagen
- 85 Einstellungen aus dem Jahresüberschuß in die gesetzliche Rücklage
- 86 Einstellungen aus dem Jahresüberschuß in freie Rücklagen
- 87 Bilanzgewinn/Bilanzverlust
- 88 Frei

89 Schlußbilanz

10.3 Stichwortverzeichnis